勉強ぐせが身につく
学習ノートのつくり方

木村 理恵
RIE KIMURA

はじめに

　本書を手に取ったあなたは、こんなことで悩んでいませんか？

「うちの子は勉強の習慣がまったく身についていないけど大丈夫だろうか……」
「そろそろ塾を考えないといけないかも……」
「家でも少しは勉強させたいけど、何を、どうやってやらせたらいいんだろう……」

　そんなモヤモヤとした悩みを持っているなら、本書はぴったりです。

　この本は、おもに普通の学校に通うごく一般的な小学6年生（高学年）を対象に、塾や新しい問題集などに一切お金をかけず、学力がぐんぐん伸びる学習法をまとめたものです。

　そもそも小学校段階では、まだ高価な教育機器も塾も家庭教師も必要ありません。学校での授業をしっかり受け、家庭では市販の5mm方眼のノートに、教科書や学校で使うドリル、テストなどを使って、勉強していくだけで子どもの力は大きく伸びていきます。

　本書は進学校を目指す受験対策などの勉強は対象にしていません。受験はしないけれども学力は高めたい、勉強ぐせを身につけてほしいという親の希望にこたえる本なのです。

　ところで私は、群馬県の公立学校で37年間、教員として多

くの子ども達と向き合ってきました。そのなかで仲間の教員と開発した勉強方法が、この「家庭学習ノート」を使った学習法なのです。

家庭学習や自主学習については、秋田県の取り組みが有名で、ご存じの方もいるかもしれません。このテーマで発行された類書もあります。

しかし、それらとくらべて本書で扱っている内容は、3つの点で違っていると考えています。

それは「シンプルである」「具体的である」「親子の絆が深まる」ということです。

◎シンプルである

使う教材は、おもに学校からもらう教科書・副教材（ドリル・問題集・資料集など）・テストだけです。これを家庭学習ノートを使って、「くり返し」「写して」いくのが一番のポイントです。「そんな単純なことで本当にいいの？」「塾とか問題集とかにお金をかけなくて大丈夫？」と何度も言われ続けてきました。でもこのやり方がもっとも効率がよく、間違いがないやり方だと確信しています。

◎具体的である

当たり前ですが、「やり方」が具体的でなければ実践できないため、子どもの成長はありません。その点を意識して、本書の内容は具体的であることにとことんこだわりました。というのも、家庭学習ノートは「何をやったらいいか」「どのようにやったらいいか」をわかっているかどうかがとても大事だからです。この点があやふやだと、「とりあえず漢字の練習（または計算問題）をやっとけばいいや」になってしまうのです。

実際のノートもたくさん紹介し、イメージがふくらむように

しました。ぜひ参考にしてみてください。

◎親子の絆が深まる

　私が提唱する家庭学習ノートの活用法は、「いかに子どもに勉強させたらいいか」だけを説いてるわけではありません。そこには親のかかわりが不可欠だからです。

　子どものやる気は、親のひと言、親の一筆によって見違えるほど変わります。そして、その子どもの成長を見た親もまた、意識を大きく変えていきます。

　その仲立ちをするのが学習ノートなのです。本書では学習ノートとのかかわりの中で、親がいかに子どもと向き合えばいいかについてもお伝えしていきます。

　家庭学習どころか授業そのものにも意欲を見せなかった子が、1年もかからないうちに、見違えるほどに成長する過程を見ることができるのは教師冥利に尽きることです。

　とはいえ、それは「特別なこと」でも何でもありません。やり方さえわかって、しっかり実践できるようにサポートしていけばあなたのお子さんも驚くほど成長するでしょう。

　ぜひ本書の内容を実践し、お子さんの顔に自信があふれることを願ってやみません。

2018年7月

木村 理恵

◎ はじめに

第1章
家庭学習ノートで勉強の基礎体力をつけよう

1. なぜ家庭学習ノートが必要なの？

2. 「勉強ぐせ」がすべての問題を解決する

3. 目の前の子どもに寄り添おう

第2章
家庭学習ノートを始めよう＜準備・知識編＞

1. これならできる！家庭学習

2. 家庭学習ノートを始めよう＜準備編＞

3. 家庭学習ノートを始めよう＜知識編＞

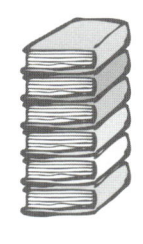

第3章
家庭学習ノートを始めよう＜実践・基礎編＞

レッスン１. 漢字・計算問題で基礎固め

レッスン２. 教科書・問題集を使って実力ＵＰ

レッスン３. 単元テストの必勝対策法

レッスン4. 本当に大事なのはテストが返された後！

レッスン5. 「まとめテスト」の対策法

 第4章
家庭学習ノートを始めよう＜実践・応用編＞

レッスン6. 夏休みは可能性がいっぱい！

第5章
子どものやる気と成長は親しだい！

1. 親子でもっと楽しむ家庭学習！

2. 親子を結ぶ「対話ノート」

3. 親も驚く子どもの成長

◎ おわりに 〜 子どもの現在（いま）を「見える化」しよう！

カバーデザイン　市川さつき（ISSHIKI)

第 1 章

家庭学習ノートで勉強の基礎体力をつけよう

1. なぜ家庭学習ノートが必要なの？

◎ 家庭学習ノートによる「復習」や「くり返し」が成績ＵＰには必要不可欠
◎ 使うのは学校でもらう教科書や副教材だけ
◎ 家庭学習ノートは子どもの「自信」を育む

（1）できない原因は「くり返し不足」

　読者のみなさんは、学校の授業が実は超過密だということを知っているでしょうか。

　おそらくみなさんが小学生だったころは、土曜日半日授業があったでしょう。現在のような学校週五日制が実施されたのは 2002 年からのことです。これと前後して、いわゆる「ゆとり教育」がおこなわれ、学習内容はずいぶん削られました。

　しかし、学力低下が危惧されて、今度は「脱ゆとり」が提唱され、週休二日制のまま、授業内容は元通りということになったのです。[1]

　そのうえ 2020 年からは、「道徳」が教科化され、高学年では「外国語」も教科として扱われます。プログラミング教育やアクティブ・ラーニングなども授業に取り入れられ、学校現場は大忙しです。

　そうでなくても、高学年になるにしたがって、授業内容は増え、教えるべきことはたくさんあ

[1]
結局、教員は次々と教えることに追いまくられています。例えば、昭和 40 年代は「かけ算」は 5 の段までは 2 年生、それ以上は 3 年生で勉強していました。現在は 2 年生の約 2 か月で「かけ算」を学びます。この例を見ても授業がいかに高速化しているかがわかるでしょう。

ります。**すべての子どもが学習内容を身につ
けるまで、授業で復習することなど、不可能
に近い**のです。

　それなら、宿題で補えばいいのではないか
と思うかもしれません。ところが、子ども1人
1人が習得するまでにかかる時間や道のりはそ
れぞれ違います。[2]

　そこで、**わが子のことを一番よく知ってい
る親が、子どもの家庭学習をサポートするこ
とが理想的**なのです。

　とはいえ、「6年生の勉強なんて教えられな
い！」と思う方もいるかもしれませんね。たし
かに6年生の勉強は簡単ではなく、親が説明し
てわからせようと思ったらけっこう大変です。
「先生は、そうは説明しなかった」とか「先生
とやり方が違う！」と子どもに言われるかもし
れません。[3]

　でも、**本当に必要な家庭学習は、学校の授
業をもう一度復習すること**です。

　教科書で勉強した範囲をもう一度音読する。
学校でやった問題をもう一度解く。間違えたら、
もう一度解く。**この「くり返し」こそが大事
になり、そのサポートをするのが親の役目**です。
「勉強ができない子」は、圧倒的にこの「復習」
が足りていないことで共通しています。言いか
えれば**「くり返し不足」**なのです。

　ですから、学校で習ったことを、家庭でもう
1回、2回とくり返すだけで、子どもの成績は
どんどん上がっていきます。[4]

さて、6年生は1年後に中学校へ進みます。

私立、公立を問わず、中学校へ行くと、家での学習は各教科の担当教師から出される「**宿題**」と、自分で考えて教科や内容を決める「**家庭学習（自主勉強）**」の2本立てになります。「家庭学習」については、基本的に何をやってもよく、1冊のノートを渡されて、そこに自分で考えた勉強をやっていく形式が一般的です。

小学校時代に宿題しかやってこなかった子どもにとっては、「家庭学習ノート」の出現は少々面倒です。

秋田県の家庭学習ノート[5]が注目されてから、小学校でもノートを使った「家庭学習」が積極的におこなわれるようになりました。

ただ小学校では「家庭学習ノート」に取り組んでも担任の指導はなく、「自分に必要な勉強」を子ども自身で考えてやるのが現状です。宿題の延長のような扱いで、担任のハンコが押されるだけのケースもよく見かけます。せっかく学習方法を身につける場なのに、もったいない状況です。

もし小学校の段階で、ノートを使った「家庭学習」の基本と応用をしっかり学び**勉強ぐせ**が身につけられれば、成績がぐんぐん伸びていくのはもちろん、中学校に入ってからも授業やレポートづくりなどに役立つ「強力な武器」になるのです。

5
文部科学省が2007年から実施している全国学力学習状況調査で、長い間1位の座を独占してきた秋田県が、授業や宿題とは別に活用している家庭学習用のノートのこと。学校と家庭で子どもたちを見守り、毎日自分で勉強する習慣づくりをしてきたことが注目されました。
今までも家庭学習は中学校を中心におこなわれていましたが、秋田県の実践がクローズアップされてから小学校でも積極的に取り入れられています。

(2)「勉強好き」は「復習好き」

　以前、ベネッセが「勉強好きになるには？」というアンケートをおこないました。

　その結果、「勉強が好きになった子どもの特徴」は、下記の通りでした。

Q，勉強好きになるには？

① テストで間違えた問題をやり直す。
→ **77.8%（55.6%）**
② くり返し書いて覚える。
→ **62.9%（41.1%）**
③ わからない点を確かめながら勉強する。
→ **54.1%（31.4%）**

・（　　）内の数字は嫌いなままの子どもの割合
・「子どもの生活と学びに関する親子調査 2017」参照
　（東京大学社会科学研究所とベネッセ教育総合研究所の共同研究）

　これを見ると、勉強が好きになるには、「間違えをやり直し」たり、「くり返し書いて覚え」たりすることがとても大切だとわかります。今までの経験から、私が感じていたことが数字で実証された形です。

　低学年のころは、誰もが勉強好きで「算数が好き」「国語で字を書くのが好き」と口々に言うものですが、学年が上がるにしたがって、「好き」の声は少なくなります。[6]

6
内容が難しくなり、無邪気に「好き」とも言っていられなくなるのでしょう。

また、「テスト」の存在も大きいようです。

ベネッセのアンケートでわかることは、**「間違いをやり直し、くり返し覚える」と「テストでよい結果」が得られ、それによって「自信」を得て、「好き」になる**ということです。

この「よい循環」に持ち込むためにも、「間違いをやり直し、くり返し覚える」ところで、家庭学習ノートが重要な役割を果たすのです。「家庭学習ノート」を「間違えをやり直したり」「くり返し書いて覚えたり」する場にするのです。

ふつう子ども達は**間違いを直すときに、ノートやテストに赤ペンでやり直して終わりにすることが多いでしょう。しかし、そこで終わらせないようにするのがポイント**です。

家庭学習ノートに問題を最初からやり直すことで、定着力をＵＰさせるようにします。[7]

このように「家庭学習ノート」を活用することで、復習のスキルが身につくようにするのです。

これが本書で提唱する「家庭学習ノート」の基本的な活用法になります。

7
単に問題を解くだけでなく、問題文を書き写すことから始めることで、問題と解答をセットにしてさらに記憶が上書きされるようにします。

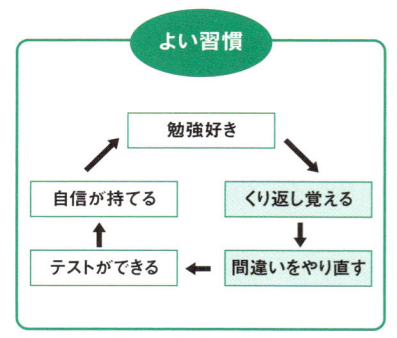

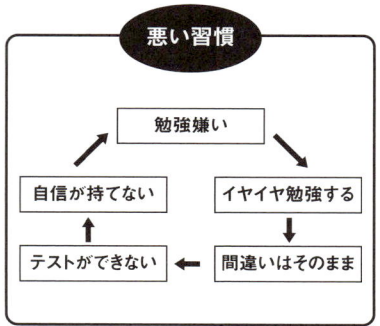

(3) 新しいものに飛びつかない

　勉強が苦手な子どもとその家庭に共通することは、成績が上がらないと
「塾に行かせたほうがいいかな」
「家庭教師をつけようか」
「もっと違う問題集を買って与えようか」
　などと、すぐに新しいことに飛びつこうとすることにあります。
　これではいけません。

　どんなに素晴らしい塾も通信教材も、それだけでは成績は上がらないことをまずは認識しましょう。なぜなら、何よりも本人の「気持ち」が大切だからです。[8]

　一方で子どもは、すでに**「教科書」**という立派な教材を持っています。
　最近の教科書は視覚的にも工夫され、最初から最後まで、いろいろな工夫がなされています。この1冊をしっかり読んで学べば、かなりの力がつくものです。
　また、学校は副教材として、教科ごとに様々な**問題集**や**ドリル**を購入します。みなさんは、これを単なる宿題の道具と考えていますが、これこそ「くり返し」勉強にピッタリのアイテムなのです。

　よく、中学受験を考えたり、有名な塾に通っ

[8]
AがだめならBで、BがだめならCで、というように、他力本願で次々に手段を変えても、結局本人の気持ちが変わらなくては、どうにもならないのです。

たりする子ども達の中には、「どうせ学校の勉強なんて……」とバカにする子もいます。

しかし、そんな子どもでも、学校の勉強が完ぺきに身についているかというと、そんなことはないのです。やはり基本が一番大切です。

まず、**家庭学習の役割は、授業や教科書をくり返し復習して、学ぶべきことを身につける「王道の勉強」をつらぬくところにあります。**

そのためには、自分の目で見て、自分の頭で考えて、自分の手で書くことが大切です。[9]

教科書や学校で購入する副教材は大変よくできています。特に、学校で購入する漢字や計算のドリル、授業で使う問題集は、教科書に準拠した内容で、基本を身につけるのにうってつけなのです。

もちろん特別な試験を課す学校を受験するなら、それに対応した勉強も必要でしょう。

しかしそういう予定がないのであれば、学校の授業を中心に、家庭学習ノートを使った復習で十分合格ラインに達するはずです。

9
このことはとても大切なことなので、本書ではくり返し指摘しています。
「またか！」と思われるかもしれませんが、徹底すれば必ず大きな成果が出ることを約束します。

(4) 家庭学習で、結果が出せる勉強を

　勉強したことがきちんと身についたかどうかは、単元ごとのテストで確かめます。もちろん、「テストの点数」で測れる力は、ほんの一部です。その子の「本当の力」をすべて表わすものではありません。

　しかし、今学んでいることをどのくらい身につけているかを、客観的に表しているのも「テストの点数」です。この点数がいいと、「成績がいい」とか「勉強ができる」と言われるのです。

　ひとまとまりの内容が終わると、「**単元テスト**」をします。学期末には、それまでに勉強した内容を復習する「**まとめテスト**」があります。国語では漢字の「まとめテスト」もあります。１年が終わるときには、年間の「まとめテスト」や「**実力テスト**」もおこなわれます。

　こうしたテストで、常時 90 点以上とれるようになる家庭学習の習慣は、小学校の高学年で身につけておくことが必要です。ここで身につけられると中学へ進んでも、勉強方法に困りません。

　それには特別な教材も塾も必要ないのです。**教科書と学校の副教材や問題集で十分**です。これらの使い方しだいで、見事な効果を表すのです。

（5）「80点・80%」の神話

　私は先ほど「常時90点以上とれる〜」と言いました。しかし保護者のみなさんは、テストで「80点以上とっていれば安心なのでは」と思っていることが多いようです。[10]

　下の図は、1年間家庭学習をやり続けたクラスを対象に、単元テストの年間の平均点を教科ごとに棒グラフにしたものです。2年分のデータをもとに、各教科の平均点を横軸、人数をたて軸にとってあります。

　これを見ると80点は決して高い得点ではないことがわかるでしょう。人数で考えると**79点以下はクラスの約1割にしか過ぎない**からです。

10
中学や高校の定期テストや実力テストで平均80点がとれれば立派なものです。90点以上なら学年でも上位に入るでしょう。
しかし小学校の場合、例えば1年生はほとんどの子どもがテストで100点をとります。100点でないと心配なくらいです。
6年生になっても単元テストは範囲が狭く、教科書や副教材で勉強すれば、90点はとれる内容なのです。

平成27・28年度のH小学校6年の単元テスト得点分布

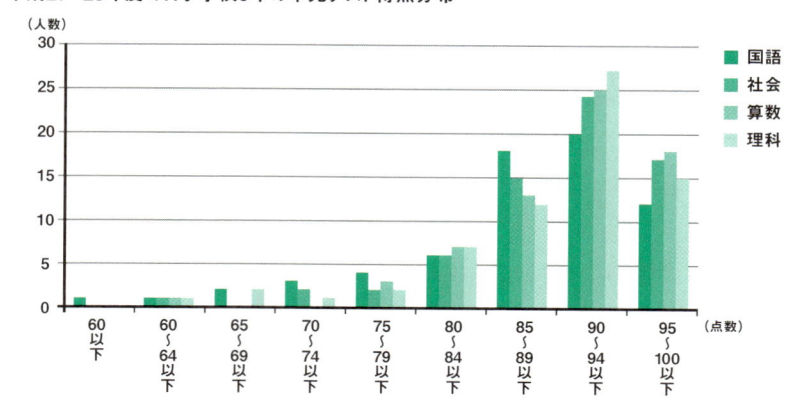

つまり80点は決して安心な点数ではないのです。[11]

何となく、80点なら80％とれているんだし「まあまあ、わかっているのかな」とか「問題はないだろう」と考えがちですが、中学校へ行けば結果がビシッと「順位」で示されます。今から気持ちを切り替えていくことが大切です。

ちなみに小学校の単元テストは、身につけてほしいと考える基本中の基本が出題されるものです。そのため**9割の出来を期待したい**のです。

「90点」と聞くとずいぶん高得点に思われるかもしれません。でも、日々の授業や家庭学習を通じて、間違いをこまめに修正していったら、決してとれない点数ではありません。

そのうえ、単元テストでは応用問題も難度は低く設定されています。

教科書を中心に、副教材で勉強していけば、必ず結果を出すことができるでしょう。

[11]
かつて、単元テストに順位を書いてあげたことがあります。100点が5人いれば、99点は6番になります。そうやっていったら、80点の子どもは30人のクラスで25番になってしまいました。本人もびっくりでした。

（6） 小学校の成績評価は担任しだい

　小学校の通知票は3段階がほとんどです。「大変よい」「よい」「がんばろう」などの言葉で表す方法や、ＡＢＣ、◎○△などの表現もあります。

　評価には基準があって、
　Ａ（◎）は90点以上、
　Ｂ（○）は90点未満から60点以上、
　Ｃ（△）は60点未満
という線引きが一般的です。[12]

　しかし、小学校の担任は多くの教科を教えているうえに、生活の密着度も高いので、単純に点数だけで判断しにくくなります。
　そこで、「点数的にはＣだけれど、励ましの意味も込めてＢをつける」ということも出てきます。
　つまり「よい」と評価されて、安心していると、**実は勉強ができているわけではなかった、などという思わぬ事態になっていることも少なくない**のです。[13]

　小学校の通知表で安心していると、中学校へ行って最初に出された順位で、衝撃を受ける子どもがたくさんいるのはこのためです。
　でも大丈夫。そうならないためにも家庭学習でわが子の力を育てていきましょう。[14]

12
私の勤務した学校では学年で相談して、高学年は、Ａを95点以上、Ｃを70点未満という線引きにしました。一見厳しそうですが、授業と家庭学習を両立させると、決して大変な基準ではありません。こうすることで中学校へ行ってから「こんなはずでは！」とショック受けることがなくなりました。

13
80点をとっていれば通知票は「よい」あるいは「Ｂ」になるということで、「きっとクラスの真ん中くらいなんだろう（それなら大丈夫だろう）」と、勝手に思い込んでしまうわけです。

14
1年でも、半年でもしっかり取り組めば、結果は必ず出てくるのですから。

(7) 家庭学習でこれだけ伸びる

　家庭学習の効果を数値的に示す資料があります。小学校では学年末に標準学力調査を実施する学校が多くあります。[15]

　これは業者テストで、採点や分析も業者に委託しておこなわれます。

　下の表はH小学校で年度末に実施した標準学力調査（6年生）の平均正答率を年度でグラフにしたものです。

　平成27年・28年は、家庭学習を1年間続けた学年です。これを見ると、家庭学習に取り組んだ2年間は、それ以前にくらべて、平均正答率が10ポイント近くもUPしています。

平均正答率

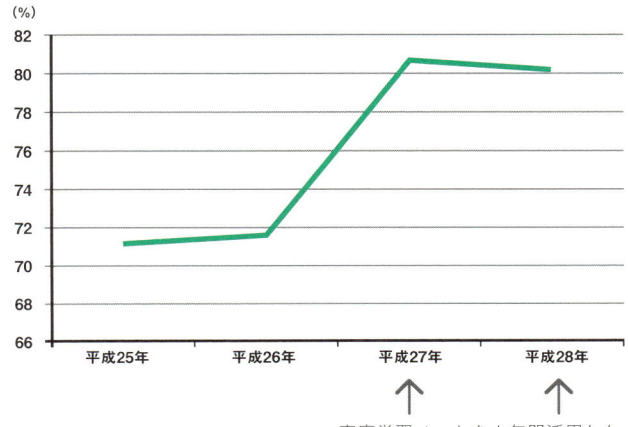

家庭学習ノートを１年間活用した
年度末の標準学力調査の成果

(8) 家庭学習で身につけるのは「知識・技能」

　2020年から小学校では新学習指導要領が実施され、評価の観点が4観点から3観点になりました。単元テストの得点欄にも、この観点が示されています。

　ここで注目したのは、観点の最初が「知識・技能」になったところで、「基本的なことはぜひ身につけてほしい」という国の願いが透けているように感じます。

　家庭学習でもっとも身につけやすいのがこの「知識・技能」です。ここを確実に押さえておけば、授業でも活躍でき「主体的に学習に取り組む態度」にもよい影響を与えます。

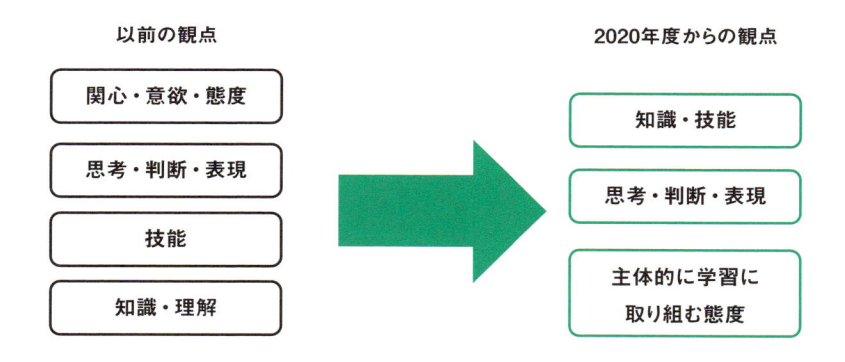

「主体的に学習に取り組む態度」は、上の項目「知識・理解」や「思考・判断・表現」に裏づけられた「態度」であると説明されています。つまり「やる気」だけでは評価されないようです。

2. 「勉強ぐせ」がすべての問題を解決する

◎ できる子のノートには5つの共通点がある
◎ まずは「集中力」を磨くことを意識しよう
◎ 「真似る」「写す」を徹底すれば、成績も頭も必ずよくなる

(1) できる子の5つのノートぐせ

　保護者のみなさんは、普段わが子の学習ノートを見ることはあっても、クラス全員のノートを一度に見くらべる機会はないでしょう。[16]

　私は今まで50万冊以上にものぼるノートを見てきました。そうした中で、できる子のノートにはある共通点があることに気づきました。

　ノートはただ書いているようでも、取り組む子どもの気持ちや理解の程度が端的に表われるものです。ですから、できる子のノートの特徴と、わが子のノートをくらべることで、現在の子どもの様子がわかるのではないでしょうか。

　そう思い、ここにできる子に共通して挙げられる5つの「ノートぐせ」をまとめてみました。

　これらは、もちろん最初から身についていたものではなく、毎日取り組むうちにしだいに身につけていったものです。

　①から徐々にレベルが上がっていき、最後に

16
授業参観のときに、教室の後ろに子ども達の学習ノートを並べておくと、保護者のみなさんは大変熱心に見ていました。
「○○ちゃんのノートは 見やすいわ」
「うちの子のノートは、ぐちゃぐちゃね」
などと、話す声も聞かれました。
同じ課題を与えても、子ども達のノートは様々です。

は⑤のような特徴が見られるようになります。ぜひお子さんの成長度合いと照らし合わせてみてください。

① できる子のノートは正直だ

　夏休みに家庭学習ノート1冊を課題にしたところ、提出日にやけに薄いノートが1冊出てきたことがあります。マス目のノートは30枚60ページが基本ですが、そのノートは20枚40ページになっていました。

　持った瞬間に「？」と思って、ページを数えたところ20ページも少なくなっていたのです。聞くと、課題が間に合わず、思い余ってノートを自主的に減らす方法をとったそうです。[17]

　このように、「できない子」というのは、どこかで手抜きをできないか、と考えているものです。

　そんな中、「できるようになる子」も含めた**「できる子」のノートにはごまかしがありません。**「ちょっとした楽」は最終的に自分にとって、とても「損」になることを知っているのでしょう。

　できる子は、親や先生など周囲の人に正直なだけでなく、自分自身にも正直なのです。

② できる子のノートはていねいだ

　ノートの見やすさは、きれいな字であること

[17]
これはかなり大胆な方法ですが、そうでなくても、描くべき絵をちょっと減らす、問題を1問とばす、ノートに大きく問題を書く等の減量作戦は、子ども達がよく使う手です。

も理由ですが、それ以上に「ていねいであること」が大切です。[18]

きれいな字とていねいな字は違います。人によっては字形が整わない場合もありますが、**ていねいに書くことは、心がけしだいで誰にでもできること**です。何事もそうですが、真剣に取り組むと、人は「ていねい」になります。

「ていねいな心がけ」を育むために役立つのが教科書です。

今の教科書は視覚に訴えるものがほとんどです。以前の教科書のように、文字で読んで理解するだけでなく、絵や図や写真から、たくさんの情報を発信しています。

つまり、レイアウト（情報が）がとてもよく考えて「整理」されているのです。

その整理された情報を自分のものにするためには、**自分の手で描く**ことが一番わかりやすいでしょう。[19]

ていねいなノートづくりを続けていくと、大切な情報を写さなくてもキャッチできるようになります。ていねいなノートは、手を通して学んでいることの証拠です。

③ できる子のノートはレイアウトがうまい

「まとめる」という作業は、自分がわかるだけでなく、「人にわかりやすく伝える」ことでも

18
テレビで、有名な先生が「お子さんのノートが汚くても叱らないでください。きれいに書かなくても子どもは理解しているのですから」といった発言をしていました。たしかに子どもの中には、ノートはひどくても、テストはできるし、発言もよい、理解も抜群といった子どもがいるものです。しかし、それは学年に1人か2人といった少数派です。東大やハーバード大に行くような特別な子どもならともかく、ごくふつうの子ども達が、自分に自信を持ち、勉強に取り組むためには、ていねいなノートを書くといった地道な取り組みが大切です。

19
人は、なかなか見ただけでは重要なことに気づけません。
絵が苦手なら、トレーシングペーパーで写してみるのもいいのでしょう。
詳しくはのちほど説明しますが、本書では「教科書を写す」ことを推奨しています。

あります。これは将来のプレゼンテーション力にも大きくかかわってきます。

「理科のプリントを写してきなさい」という単純な課題でも、まさに様々なノートが提出されます。資料や図、絵もていねいに描かれ、色もしっかり塗られているもの、ポイントがわかりやすく赤で囲まれているもの、重要語句の下にマーカーが引かれているものなど、ひと目でわかるノートがあります。

　一方で、ページにびっしり字が書かれているだけで図や絵が一切ないノートもあります。

　このように、「プリントを写す」という単純な課題の中にも、**レイアウトする力、他者にわかりやすく伝える力**が身についていないとできない要素がたくさんあるのです。[20]

　「写す」という作業ひとつを通じても、子どもの頭の中をのぞき見ることができます。

　本書では、わかりやすいノートの実例も数多く掲載しました。これらを参考にすると、お子さんにも納得してもらえるのではと思います。

④ できる子のノートは工夫がある

　ある程度勉強が進んでくると、自分に合ったやり方ができてきます。書くことにも抵抗が少なくなってくるので、「ここを覚えるためには何回も書きたい」とか、「ちょっとくらいグチャ

[20]
できる子は、プリントの内容を1つひとつわかって書いていますが、できない子は、わからないまま書いています。ですから、きっと頭の中は大混乱でしょう。以前、保護者の方から「上手にまとめてあるノートをお手本にして、模写することで、まとめるとはこういうことなんだと実感できました。何度も何度もくり返すことでまとめる方法が身につくのですね」と言われたことがとても印象的でした。

グチャでも、練習のために、たくさん問題をやりたい」という願いも出てくるものです。

　こういうノートを「真っ黒ノート」と呼んで、ノート一面が真っ黒になるまで書き込む子どもがいました。**きれいなだけでなく、勉強を主体的にとらえて、今自分に合った勉強をしよう**としているのです。

　いいアイデアをすぐ生かそうとするのも、できる子の特徴です。

　ある時、中学の先輩にフセンを使う勉強方法を教えてもらった子が、大事な部分にフセンを貼って、テストのように活用していたことがありました。それを見ると、早速その日にやってみた子が何人もいました。新しいことに挑戦するのも大切なことです。

⑤ できる子はノートを活用しまくる

　できる子は、今までに取り入れたいろいろな勉強方法を身につけているので、勉強する内容がすぐ頭に浮かんでくるのが特徴です。「今日はこの教科をやろう」「このドリルで復習しよう」といった判断に時間がかかりません。

　また、できる子はノート１ページの充実度が全然違います。例えば「家庭学習を２ページやろう」と課題を出した場合、その差は歴然です。「この勉強でわかるようになろう」「できるようになりたい」という気持ちの強さが、ノート

に目に見えて表れているのです。[21]

　以上が、「できる子のノートぐせ」に共通する５つの特徴です。あなたのお子さんはいかがでしょうか。もっとも今はできていなくても、家庭学習ノートを活用すれば、わが子を「できる子」に変身させることができるのでご安心を。

21
励ましたり叱ったりするまでもなく、まずはノートを見れば、子どもがどういう状況にあるかわかるようになります。

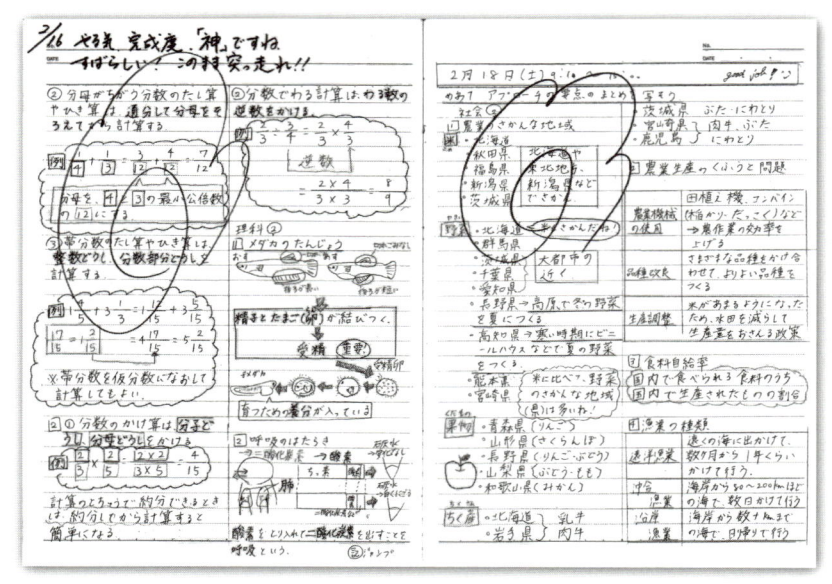

▲ 家庭学習を続けると、目的に合わせてノートを活用できるようになります。
　ページの充実度も増してきます。

(2)「持続ぐせ」よりまずは「集中ぐせ」

　素晴らしい家庭学習ノートを見ると、思わず「こんなにていねいに書いて、どれだけ時間がかかったんだろう」と考えてしまうほどです。

　こう思わせるノートをつくるのに大事になるのが「集中ぐせ」と「持続ぐせ」です。

　ここでは、**短時間でも学習に集中する習慣を「集中ぐせ」、長い時間勉強し続ける力を「持続ぐせ」**と呼んで、家庭学習ができる道のりを考えてみましょう。

　もちろん、勉強に「集中」して、「持続」させることができれば一番いいのですが、この両立は大人でも難しいことです。

　そこで、**まずは集中力を磨くことを意識するようにします。**

　本書の対象者は６年生ですが、高学年になると習い事や学習塾など、放課後のスケジュールが結構きつくなるもの。こうなると、細切れの時間でも、周囲がうるさくても、集中することが必要になってきます。そのため、まずは短時間でも集中する力が求められるのです。[22]

　家庭学習においても、子どもが集中できる環境に注意する必要があります。

　例えば６年生だからといって、自分の部屋で勉強することがいいとは限りません。よく、担

22
学校でも、45分授業を15分×3コマに分ける「ユニット学習」や、朝学習、昼休み後の学習といった時間があります。
その際に求められるのも、始まったらすぐに集中できる力です。
今までやってきたことから気持ちを切り替えて、目の前のことに集中する「切り替え力」が重要になるのです。

任した子どもの母親から「6年生になったんだから、自分の部屋でしっかり勉強できるはずでは？」と言われたのですが、決してそんなことはないのです。自室だと誘惑も多いので、リビングなど家族がいる環境で勉強し、励まされたり叱咤されたりするほうが、かえって集中できる場合も多くあります。

　子どもの実態に合わせてかかわり方を工夫し、「10分で、漢字練習を終わりにしよう」とか、「夕食前に、○○を仕上げよう」などとはっきりした内容と時間を提示すると、親子で目標が共有できて集中力は増していきます。

　集中力が身につく頃には、授業やテストでいい結果が出ているはずです。

　そして結果が出ると、子どもの意欲もますます育ってきます。つまり「やる気」が出てくるのです。

　今までは、親が「計算問題を5問やろう」と言ってやらせてきたのに、本人が率先して「10問やるよ」となってきます。

　こうなってくると当然、より長い時間取り組む力が備わり、自然に持続力もついてくることになります。

　ですから、まずは「集中ぐせ」が身につくように意識してみるようにしましょう。

(3) 「何を」「どんな方法で」を具体化する

宿題と違って家庭学習は内容が自由なので、「何をやるか」考えるだけでとても時間がかかります。その結果、「ま、とりあえず漢字練習にしておこう」とか「計算ドリルでいいや」などと、いつも同じような内容になってしまうのです。

よく「やらされる勉強は二流！進んでやる勉強こそ一流！」と言われます。といっても、家庭学習はその基本から教えていかなければ、無駄に時間がかかるばかりです。だかこそ、集中ぐせも持続ぐせもなかなか身につかないのです。

大事なことは**「何をやればいいか」と「どのようにやればいいか」**です。それがわかるだけで、家庭学習に対するハードルはずいぶん下がるはずです。ですから、まずは「何をやったらいいかわからない」状態から卒業しましょう。[23]

ぜひ本書を使って、「やること」と「やり方」を学んでもらえればと思います。
基本を身につけたら、応用は子どもに任せて大丈夫です。[24]
ただそこまでは、しっかり見守っていきましょう。

[23]
本書では、教科書やテスト問題、副教材を使ってやる家庭学習の方法を細かく紹介しています。「いつ」「何を使って」「どのように」も詳しく解説しています。
それがわかれば、
「今日の算数は難しかったから、同じ問題を解いてみよう」
「国語のテストが近いから、言葉の勉強をしておこう」
「社会の年表を写して大事な言葉を練習しよう」
「理科の実験を写しておこう」
などと、次々にやることが見つかるようになるでしょう。

[24]
卒業生のお母さんが「小学生のうちに『今日何をするべきか』自分で考えてやる習慣が身についたので、中学生になった今、親は一切関わることなく本人にお任せ状態です」と言っていたことが印象的でした。

(4) 漢字・計算の基礎力アップ

　家庭学習は、学習内容の定着や技能の習得を目指しています。特に、**漢字や計算の習得はくり返しが必要**です。

　家庭学習といえば漢字か計算というくらい、誰でもできる勉強です。でも、これらもやり方しだいで、身につき方がグーンと変わるのです。

　まず、漢字練習は同じ熟語で１行ずつ練習するとか、計算練習は１ページに６問くらいやるとか、そんな家庭学習はやめましょう。なぜならこういう練習は、ただページを埋めるだけの勉強になりがちだからです。[25]

　このように漢字を機械的に１行ずつ書いていると、漢字練習そのものが「流れ作業」になってしまいます。ですから漢字の練習は、ひとつの漢字をいろいろな熟語で練習するといいのです。

　計算練習も「＝（イコール）」を左にそろえて書くだけで、１ページに練習できる問題数はかなり増えます。また、ミニ定規でわり算の筆算や分数の線を引くだけで、見やすく、間違いにくいノートになります。

　このように、ちょっと注意をするだけで、漢字・計算練習が身につく学習にできるのです。

(5)「真似る」から学ぶ「まとめる力」

　家庭学習ノートを指導してきて、保護者や子ども達によく言われることは**「ノートの使い方や、要点のまとめ方が上手になった」**ということです。

　子ども達は中学校へ行っても、板書だけでなく先生の話の要点をノートに書いたり、色や絵を使って一目でわかるノートづくりをするようになります。すると、中学に行って改めて「まとめる力」がついたと実感するのです。

　この「まとめる力」は、何も難しい訓練が必要なわけではありません。**徹底して「真似る」「写す」ことで自然と身につく**ものです。

　そして、それを日々おこなうのが「学習ノート」を使った家庭学習なのです。

　しかし、単に「このノートに自分で考えて書いてごらん」と言っても、子ども達は途方に暮れてしまうでしょう。何をやっていいかわからないからです。

　ですからまずは、「教科書のココを、１マスに１字をていねいに写しておいで」といったことから始めて、テストや問題集、年表、実験の図といったものを次々と写していくうちに、知らず知らずのうちに、まとめ方を工夫し、学んでいくのです。[26]

26
「今日の勉強で何を写したら効果的か」を判断できるようになるまでは、親が相談に乗ったり、提案したりすることが必要です。
そのため学校から配られる週予定はしっかり把握しておきましょう。というのも、はじめのうちは、明日が社会のテストなのに計算練習をする、といったことがあるからです。

本書で教えていることは、基本的には「写す」ことだけです。極論を言ってしまえば、**写すことだけを徹底的におこなえば成績も頭もよくなる**、という主張なのです。[27]

　こう言うと読者の中には「ただ写すだけで本当にいいの？　もっと別の勉強方法があるんじゃないの？」と、疑いの目を持たれる方もいるでしょう。
　でもご安心を。まずは実践してみてください。
　3か月もすれば、子どものノートは目に見えて変わってきます。そして、1年経つ頃には、自然と「自分でまとめる力」や「必要な勉強を見つけてやりぬく力」を身につけているはずです。

　ぜひ本書のやり方で「真似る」を徹底してみてください。

[27]
個性や創造性が尊ばれる絵画の分野で、最初は徹底した模写が課せられるのは興味深いことです。
有名無名にかかわらず、絵を志す人はみな先人の作品を写します。
家庭学習の方法と同列に論じることはできませんが、「写す」ことから体得できることは少なくないと考えています。

3. 目の前の子どもに寄り添おう

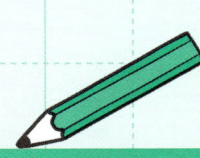

◎ 焦りは禁物！
◎ まずはノート１ページからはじめれば十分
◎ ノートを見れば、子どもの頭の中がわかる
◎ わが子を信じ、他の子どもとは比較しない

(1) 最初はできなくても大丈夫

「さあ、家庭学習を始めよう！」と、親が意欲満々でスタートしても、子どもはなかなか気持ちが乗らない、なんてことがよくあります。

でも焦りは禁物です。何をするかは、子どもの様子を見ながら判断しますが、できれば得意な教科から始めてはいかがでしょうか。[28]

テスト前だったら、プレテストをていねいに写しておくのも、スタートとしてはいいきっかけです。写すだけなら、１度やってあるので負担が少ないし、テストの結果がよければさらに調子が上がります。[29]

最初から上手にできなくても気にしないことです。まずは親と一緒に家庭学習を始めただけでも大成功なのですから。

[28]
最初はノート１ページからスタートすれば十分です。

[29]
算数が得意なら、計算ドリルを使うのも手です。この場合も、初めから順番にやるのではなく、「まとめ」のページをやってみると、つまずきに気づけます。

(2) ノートは子どもの頭の中

　ノートが最初からきれいに書ける子どもは、女子に多い傾向があります。

　同じ課題を出しても、見やすくていねいなノートは圧倒的に女子に多く、男子はごちゃごちゃとまとまりのないノートが多い傾向にあります。これでは男子のお母さんはがっかりしてしまうかもしれませんね。[30]

　でも心配はいりません。わが子の今の状態を見据えることで、現実は確実に変わっていきます。

　私は、**ノートは子どもの頭の中を写している**と考えています。

　例えば、小さい頃からゲーム漬けで、鉛筆よりコントローラーを持つ時間のほうが多い子どもは、ノートの文章に切れ目のない傾向があります。文や絵のレイアウトができず、ノートの上から下まで、びっしり埋めてくる場合もあります。

　6年生になっても、文字がしっかり書けない子どももいます。こうした子どもの文字は筆圧が低くて頼りなく、字形も整いません。[31]

　このように、子どものノートは、本人が勉強していることをどう認識しているか、あるいは子どもにどんな特徴があるのかを、大人にはっきりと示してくれるのです。[32]

30
男子にくらべて女子は、周囲を観察して情報を集め、自分の参考にすることが上手な傾向があります。担任のアドバイスにもすぐ反応し、自分のスタイルを変革していくことにも柔軟です。
一方で小学校時代の男子は（個人差もありますが）、まだ周囲から情報を得るアンテナの感度が鈍く、担任も個別に詳しく指導しないと、なかなか変わっていけません。

31
また、いくら練習しても漢字が覚えられない子どももいます。そうした子どものノートは平仮名ばかりです。
正確な漢字が書けず、「新発売の漢字」（この世に新たに誕生した、という意味で私はそう呼んでいました）になってしまうのです。この場合は学習障害も考えられます。

32
子どもの現状を把握したうえで、家庭学習に取り組んでいくことが大切です。まずは、わが子の今に目を向けるようにしましょう。

(3) 親の焦りで子どもは自信喪失

　小学生も高学年になると、わが子の誕生に喜び、笑った、泣いた、あくびしたと日々小さな幸せに包まれていたことを、親はつい忘れてしまいます。特に学校に上がると、いろいろな面で他の子と比較しがちです。そこで一喜一憂するのは、親の宿命みたいなものですが、一方で親にしかできない大切な役割があります。それは**わが子を信じること**です。

　子ども自身も学校生活を送る中で、だんだん自分の得意・不得意や好き・嫌いがわかってきます。[33]

　そこで、わが子の成長を一番身近で見てきた親が、その子のスピードに合わせて家庭学習に手を貸すことで、子どもも「苦手だけど頑張ってみよう」とか「好きではないけどちょっとやってみようかな」などとやる気になるのです。

　ところがその親のほうが、他の子と比較して焦ってしまったら、子ども自身が不安になるし、「自分ってやっぱりダメなんだな」と、自信を失ってしまいます。それは親自身も望んでいないことでしょうから注意したいものです。[34]

　たとえ今はできなくても、**できないということは、伸びしろが大きいということ**です。そのくらいの気持ちで、わが子を見守ってあげてください。

[33]
「走るのは速いけど、算数は苦手」とか、「国語は好きだけど、理科は苦手」といったことです。

[34]
あるお母さんに、教えられたことがあります。その子は勉強がとても苦手で、テストをするとクラスで最下位。でもお母さんは、「今回はここができたよね。つぎは、こっちをやろう」と、常に励ましていました。できないことを叱るより、できる工夫を考えて励まし続けていたのです。その結果、少しずつ勉強に向かい出し、小学校を卒業する頃には、みんなとの差がかなり縮まっていたのです。

(4) 日々の積み上げで、これだけ上達！

　下のノートは、同じ子どもの実際のノートです。左は家庭学習2冊目のときで、右は10冊目です。その間に、これから紹介するような様々な取り組みをしてきました。

　これを見れば、日々家庭学習を続けることで、必要な勉強を自分で考えてやることができるようになり、ノートを有効に使って勉強する力が身につくことがわかるでしょう。

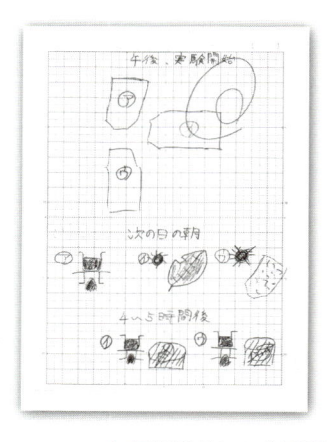
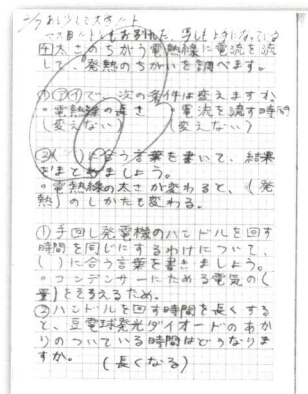
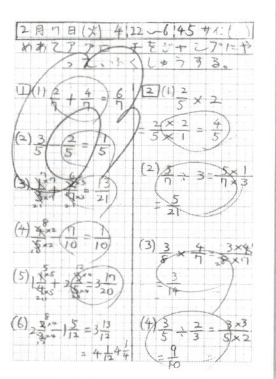

▲ 同じ子どもの成長過程がうかがえるノート。
　左が取り組み2冊目、右が10冊目です。

　まずは、教科書・テスト・副教材を使って、家庭学習を始めてみましょう。ポイントはしつこいようですが、「くり返すこと」と「ていねいに写すこと」です。ぜひ簡単なことから、コツコツ始めていきましょう。

第 2 章

家庭学習ノートを
始めよう

＜準備・知識編＞

1. これならできる！家庭学習

◎「いつ」「何を」「どんな方法で」勉強すると
効果的かをしっかり把握しよう
◎ 親の声かけ、働きかけ、サポートが重要

(1) 使うのは教科書・テスト・副教材だけ

　子ども達が学校で使っている教材は、教科書・問題集・テスト等ですが、その総額はどのくらいになるのかご存じでしょうか。

　ここではおもに6年生が使うテストやドリル、問題集、資料集などを中心に右の表にまとめてみました。[1]

　担任の裁量で、使うテストやドリルの種類はまちまちですが、1年で約1万円程度の教材を買っていることになります。[2]

　ところで、これらは毎月何気なく支払っているものでしょうが、その価格に見合うだけの活用がされているでしょうか。

　読者の中には、「教科書と月額換算1000円程度の教材費で子どもの成績を上げるなんて本当にできるの？」と思っている方も少なくないかもしれません。子どもの成績を上げるには、もっともっとお金をかけなければダメと思って

[1]
義務教育なので教科書は無償ですが、それ以外の副教材にはお金がかかっています。
出版社によって多少変動があるため、あくまで目安と考えてください。

[2]
このほかにも図工や家庭科の教材などがあり、実際はもう少し高額になります。

小学６年生でかかっている教材費（著者の試算による概算）

テスト(国語・算数・理科・社会)	340円×3学期×4教科	4080円
テスト(家庭科・保健体育)	300円×2教科	600円
漢字ドリル	340円×3学期	1020円
書写ノート		300円
計算ドリル(計算中心)	340円×3学期	1020円
数学ドリル(文章題も含む)	500円×2冊	1000円
社会資料集		600円
理科ノート(使わない場合もある)		490円
夏休みドリル		350円
冬休みドリル		310円
年度末しあげドリル		570円
		合計 10340円

いる方も多いでしょう。

　たしかに有名私立中学を目指すなら、志望校に合わせた特別な勉強や塾に通うことも必要かもしれません。しかし、それも学校の勉強ができたうえでのことです。

　私は、**小学校で学ぶ内容をきちんと理解するには、教科書、テスト、副教材で十分**と考えています。これらの使い方のポイントを知り、少しずつでも継続した学習をすれば、子どもの成績は飛躍的に伸びていくからです。

(2) よくある「家庭学習」との違い

多くの小中学校では「家庭学習」や「自主勉強」とよばれる学習方法がとられています。これらの共通点は、「子どもの自主性に任せる」ということです。[3]

前章で述べたように、子ども1人ひとりの学びのスピードや理解度が違うのに、同じ内容の「家庭学習」は出せません。そもそも家庭学習は、**「今」の自分にとって、「どんな学習」が必要かを考えて勉強に取り組むスタイル**です。

それなのに、何の指導もしないで家庭学習を取り入れると、何をやっていいかわからない子ども達は、計算や漢字練習ばかりを交互にやってきてしまいます。たまに時事ネタや日記などを書いてくるのはいいほうで、恐竜の種類と特徴や、世界のサッカーチームを調べてくる子もいます。

もちろん、それも子どもの好きなものとして尊重すべきかもしれませんが、高学年の家庭学習がこれでは困ります。

本書では、家庭学習が「自主的」であることを十分踏まえつつ、**「いつ」「何を」「どんな方法で」**勉強すると効果的かを、具体的に説明していきます。

3
6年生を担任した際、前年度の家庭学習ノートを見たら、毎日漢字と計算のくり返しで、担任のハンコが押してあるだけでした。子どもに家庭学習をさせるなら、大人が基本を指導し、言葉をかけていく必要があるのです。それを主導するのが、家庭か学校かは実情によって様々ですが、本書ではまず親のかかわりを説明しています。

(3) 3〜4章の構成

　3章と4章では具体的に学習ノートを使った学習法について、下記の流れに沿って紹介しています。

■ 第3章（前半）

・漢字や計算の練習方法
・教科書や問題集を使った日常的な家庭学習
・テスト対策としての家庭学習
・単元テスト、まとめテストの乗り切り方
・テスト後の家庭学習

■ 第4章（後半）

・ 夏休み、冬休み等長期休暇の家庭学習
・ 学校行事と家庭学習
・ 次年度に向けた先取り学習

　前半が習得できると、毎日の家庭学習で何をやったらいいか、自分で考えることができるようになるでしょう。
　また、後半は学校生活の中で、家庭学習を上手に生かす方法を書いています。本書の対象である6年生（高学年）は、学校行事の中心的存在になることが多く、そうした機会を家庭学習に上手に取り込む方法を紹介します。[4]

4
2020年は今までと違った学校行事の扱いになっています。「できること」を「できる範囲」で取り組んでください。

家庭学習に関する本の多くは、低学年からの家庭学習について、親のかかわり方からていねいに解説しているものがほとんどです。[5]

　一方で、**本書は高学年、特に6年生を対象にしています。**

　「わが子も、もうすぐ中学生。今のままで大丈夫かしら」と、不安に思った保護者のみなさんに、半年から1年で子どもを伸ばせる具体的な方法を知っていただけるようにしました。

　しかも、使うのは教科書、副教材、テストだけ、というお手軽さです。

　本書の勉強方法は、教科書や問題集、テスト問題などを**「写す」**ことから始めています。子どもは1年生のときから、型を身につけるために、多くの場面で「写す」ことをしてきました。だから、「写す」ことが得意なのです。その得意なことで学習させるようにします。

(4) 家庭学習で「毎日学ぶ」習慣を

　「うちの子は、宿題は毎日やっています」と言うお母さんがいます。そうは言っても、宿題はあくまでもクラス全体を対象にした課題です。「わが子に合わせた勉強」ではないことに注意し、まずは現在のわが子に必要な勉強を提案するようにしましょう。

　そこで、**毎週配布される学級通信で、勉強の進度をチェック**しましょう。[6]

5
実際の親は毎日多忙ですから、「宿題やった？」と聞くのが精いっぱいです。普段の生活から学びの場面を見つけて、わが子を導くなんてことはなかなかできません。ただ意識していることは大切です。親から教わることは、子どもにとってうれしいのです。「お父さんが、〇〇って言ってたよ」などと、誇らしげに報告してくれるのですから。

6
学級通信とは必ず発行する規則はなく、学校や担任の考えで週末に出されています。ここに次週の時間割や学習内容が書かれていると、勉強の進度がわかり、予習やテストの準備もできます。もし予定表がない場合は、連絡帳や子どもの勉強の進度を見て「まとめの問題に入ったから、そろそろテストだな」というように、親が判断してください。

それを見て様子がわかれば、具体的に何をやったらいいかわかるようになります。

　次章からの実践編を参考に、あてはまる勉強方法を探してみてください。

　よく「家庭学習が進まない」といった声が聞かれますが、それは何をやったらいいかわからないからです。本書のやり方で**「今日はこの教科を、こういう方法で勉強しよう」**と明確になれば、結構食いついてくるようになります。

　親が問題を出してもいいでしょう。とにかく家庭学習に取り組む最初のうちは、こまめに目をかけ、言葉をかけてください。たとえ6年生でも、声かけは絶対に有効です。[7]

　日常的な勉強、テストの準備、学期末・学年末の勉強の仕方がわかると、子ども達は自分で家庭学習を始めます。親は見守り、励ましてあげてください。

[7] 家庭学習ノートを見ていて、親が毎日サインをしてくれる家庭の子どもは、家庭学習だけでなく、学校生活全般に前向きで活気があります。見守られている安心感が、子どもを積極的にしている感じがします。

2. 家庭学習ノートを始めよう ＜準備編＞

◎ 準備する物を把握しよう
◎ ノートの使い方・ルールを把握しよう

(1) ノート・持ち物

　もし子どもが通う学校で家庭学習を指導しているなら、その方法でやっていくのがいいでしょう。持ち物などで特別感を出す必要はありません。

　家庭学習を取り入れていない学級や、特別なルールがなければ、下記を参考に準備をしてみてください。

■ 用意する物

① ノート
・市販のマス目ノート（10mm マス 5 mm リーダー罫入り）[8]
・3 学期になったら中学校の準備に罫線のみのノート（キャンパスノート）も活用

② 鉛筆
・B か 2 B など濃い目のもの[9]

[8] 授業によく使うノートが 10mm マス 5 mm リーダー罫入りのものなので、これを使うといいでしょう。家庭学習に慣れてくると、キャンパスノートのほうが使いやすくなる子どもも多くなります。ノートが自在に使えるからです。子どもの実態に合わせて、早めにキャンパスノートに移行することも有効です。

[9] 今から 30 年くらい前なら、高学年になると鉛筆は H B がふつうでした。しかし、最近の子どもは筆圧が低く、H B では文字が薄くなってしまいます。そこで B や 2 B の鉛筆を使うのです。

- 3学期になったら家庭での勉強はシャーペンも可 [10]

③ その他

- 3色ボールペン（赤・青・緑）
- マーカー2色 [11]

　学校によっては、ボールペンやマーカーなどを使わせないところもあります。しかし、中学校に行けば、こうした文具も上手に使いこなす必要が出てきます。6年生の段階で使い慣れておくことも大切です。

　家庭学習が進んできたら、以下の物も用意すると便利です。

■ 再テスト用に使うもの

④ 暗記用の下敷き
- 『マルチ暗記下敷』共栄プラスチック [12]
　→ 緑と赤の2色使い

⑤ 暗記ペン
- 『メモリーライン』パイロット [13]

　学校からテスト後に配られる解答例は文字が赤で印刷されているので、赤色の下敷きが役に立ちます。

　なお、暗記用の下敷きや暗記ペンはたくさん出ているので、これはあくまで一例です。

[10]
6年生になるとシャーペンを使いたがる子どももいますが、まずは鉛筆でしっかり書く習慣をつけましょう。家庭学習に慣れ、勉強量も増えてきたら家庭学習ではシャーペンを使わせてもいいでしょう。しかし、小学校では基本はあくまで鉛筆です。

[11]
小学校の低学年では赤青鉛筆からスタートします。丸つけに赤、間違い直しに青といったように使い分ける練習をします。そのまま高学年まで進む学校が多いので、持ち物については学校のきまりに従いましょう。家庭学習でボールペンやマーカーを使うときも、いたずらに色を増やさず、3色程度でノートを書く習慣をつけましょう。
たまに山ほどペンを持っている子どもを見かけますが、色分けすることに熱心で、学習内容はほとんど頭に入っていないことが多いようです。

[12]

[13]

(2) ノートの使い方を決めておこう

家庭学習専用のノートも市販されていますが、それだと制約されることも多いです。ここでは一般的なノートを、家庭学習用にカスタマイズしましょう。といっても、特別なことをするわけではありません。

① ノートの最初に

日付・勉強開始時間・勉強終了時間・親のサイン を書く欄を四角で囲んでおきましょう。

② ノートの最後に

その日勉強したすべてを記録します。
塾に行ったらそのことも書いておきましょう。
サイン欄もつくってコメントを残しましょう。

③ ページは途中で終わりにしない

必ず最後まで使い切るようにしましょう。

最初の１行に日付・勉強開始時間・勉強終了時間を書くことで、生活の様子がわかるようになるのでおすすめです。[14]
またノートは途中で終わらせずに、１ページを使い切ることを約束します。
サイン欄もつくるようにしましょう。
両親に限らず、祖父母、お兄さん、お姉さん

14
習い事や夕食、お風呂をはさむと勉強終了時間も遅くなります。テレビやゲームに夢中で、勉強が後回しになる日があるかもしれません。そんな生活の様子も、この記録から見ることができるのです。

など家族みんなにサポーターになってもらうと
いいです。みんなに見守られながら勉強を進め
られるようにできるとやる気が出るからです。

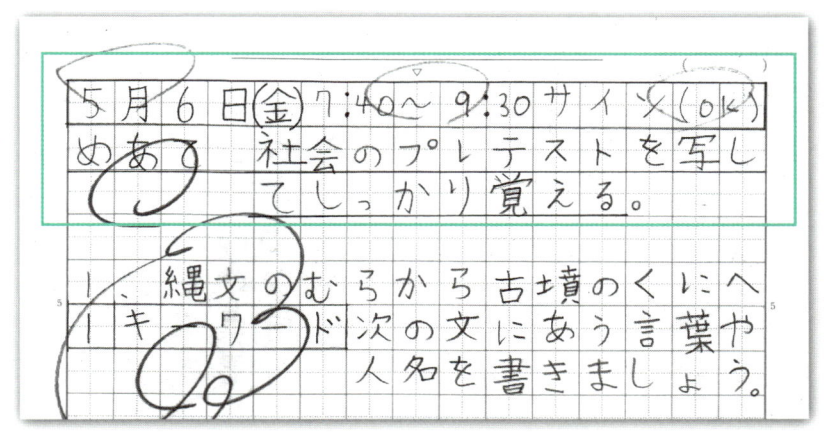

▲ ノートの最初の部分に、日付・勉強開始時間・終了時間・親のサイン
を書けるようにします。四角で囲むとわかりやすいですね。
さらにその日の「学習のめあて」を書けると、自分でやることが明確
になってよいです。

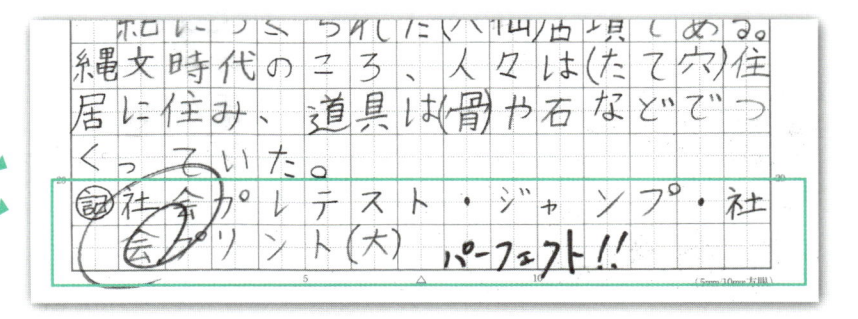

▲ ノートの最後の部分に、その日やったすべての勉強を記録しておきま
しょう。塾に行った場合はそのことも記録しておくといいですね。ど
んな勉強をしたのかをふり返ることができ、日々の学習記録にもなり
ます。
ノートはページの最後まで使い切ることを目標にします。もし数行残っ
たら、ちょっとした計算や漢字練習を入れてもいいですし、自分で問
題をつくってみてもいいでしょう。

3. 家庭学習ノートを始めよう ＜知識編＞

◎ 何を勉強したらいいか、教科別に把握しよう
◎ １日２ページ、１か月で１冊、１年で10冊
　のノートを仕上げることを目標にする
◎「点数がとれる子」を目指そう

　宿題は学校で課題が決められていますが、家庭学習は各家庭で内容を考えなくてはなりません。そこで、教科別に勉強の方法をいくつか紹介していきます。まずは「知識編」としてお読みください。

(1) 国語 [15]

■ 音読

・今勉強しているところをすらすら読む。
・気持ちや様子を考えながら読む。
・詩や好きな文を暗唱する。

■ 漢字

・新出漢字、今まで習った漢字を熟語で練習。
・漢字は１回ずつ練習し、新出漢字と今までの練習をくり返す。

■ 言語

・言葉の意味や使い方を調べる。

[15]
国語には「読む・話す・聞く・書く」といった教科書で中心に据えられた勉強があります。「読む」は題材を読み取る力を養いますが、これは授業で先生と学んでいくことが一番です。先生によって教え方は様々です。家庭学習では、そうした授業で十分力を発揮できるように、「音読・漢字・言語」をやっておきましょう。

[16]
教科書によって書き方は様々ですが、大きな単元の間に２～３ページを使って「言葉のきまり」、つまり「文法」が出てきます。１年生では「を」や「は」の使い方、伸ばす音で「おとうさん」「おおきい」のような使い分け、２年生では、もう「主語・述語」が出てきます。高学年になれば、「熟語の成り立ち」「敬語の使い方」など、高度な勉強をしていま

・言葉のきまりを身につける。教科書の「言葉」の部分を下学年から復習する。[16]

■ 作文

・テーマや形式を決めて作文を書く。
・日記や短作文を書く。

■ 読書

・マンガ、絵本、図鑑を除いて、年間 30 冊以上を目標にいろいろな分野の本を読む。[17]

(2) 算数

■ 計算

・下学年の計算もくり返しやる。
・答え合わせをして、間違いは正しくやり直す。[18]
・簡単な問題も速く正確にできるようにする。

■ 図形

・図形は正確に描く。
・実際に切り取って動かして考える。

■ 文章題

・問題文を書いて考える。
・数直線[19]や図、絵なども書いて問題を解く。

■ 下学年の範囲も復習する

・教科書やドリルの問題を片っ端からやる。
・問題を見たら、すぐ解けるまでくり返す。

す。これを網羅しておくと、中学へ進んでも心強いです。

17
マンガ、絵本、図鑑も優れた作品がたくさんあります。私もマンガは大好きで、学ぶことが多いのもわかります。ただここでいう 30 冊は、ある程度の内容で読みごたえのあるものに挑戦しようという意図で挙げた冊数です。
国語の教科書には読書案内が載っています。毎年、課題図書も出ています。そうした本に取り組んでみるのもいいですね。

18
間違いの処理の仕方で、身につき方が全然違います。ここでは、間違いは消さない！がポイントです。もう一度問題を最初からやってみると、自分の間違った箇所に気づきます。

19
文章題を解く手がかりになるアイテムです。授業で指導するとき、「数直線の歌」として教えました。「たて棒１本、横２本、たての上下に０つけて、１の単位は下の棒」です。「１の単位」とは問題文にある「１Ｌあたり」とか「１ｍあたり」の単位です。

■ 単元の最初の例題は図も含めて書く

・書いて理解するようにする。[20]

■ 今日の勉強をもう1度ノートに書く

・何度もやることで、考え方を身につける。

(3) 社会 ＜地理・歴史・公民＞

■ 5年までの地理的分野

・都道府県名[21]、世界の主な国名、日本の特色などを覚える。
・見やすい場所に日本地図や世界地図を貼って活用する。
・白地図に書き込む。

■ 6年の歴史的分野

・歴史上の人物を調べる。
・年表を貼ったり書いたりして流れをつかむ。
・歴史マンガやテレビ番組で興味を持つ。
・時代ごとに特色をまとめる。

■ 基本的な知識は暗記する

・地図や年表などで関係をつかむと覚えやすい。
・もちろん、何回も書くのも大切。

■ テレビやインターネットを活用する

・多くの情報から地理や歴史を身近に感じる。
・学習用のコンテンツを有効活用する。詳しくは141ページ以降を参照。

20

教科書に出てくる例題は、問題文、図、数直線、式、答えをひとまとまりにして頭に入れましょう。このパターンで授業は進んでいきます。考え方の基本がわかります。

21

新学習指導要領では都道府県名に関する漢字をすべて4年生に配当しています。白地図に書き込んで位置と名称を覚えましょう。白地図はインターネットでダウンロードできます。

(4) 理科 ＜生物・地球・エネルギー・粒子＞

■ 生物・地球 [22]

・絵や図にすることでポイントをつかむ。

・人体、自然など優れたテレビ番組で興味を
　持つ。

■ エネルギー・粒子

・「課題」「仮説」「考察」などの順を追って、
　論理的な思考を磨く。

■ 自分の力で流れをまとめる

・教科書やノートをもとに、自分の力で実験
　や観察をノートに整理する。

■ 図鑑や科学の本、テレビ番組の活用

・子どもが興味を広げる場面を提示する。[23]

■ 身近な施設で出かけてみる

・プラネタリウム、科学館などに行ってみる。

・SNS で情報発信している施設も多い。下調
　べにも活用。

(5) 英語 ＜教科としての英語＞

・英語の教科書を声に出して読む。

・アルファベットの大文字と小文字が書ける。[24]

・パソコンでローマ字入力を習慣化する。

・教科書の簡単な単語や言い回しは使えて書ける。

22
この分野は高学年では「メダカ」や「人体」、「天気」や「月と太陽」等、絵や図にすることでわかりやすくなる分野です。また、第5章に書いた博物館、科学館、プラネタリウム等、見学場所も豊富です。

23
子ども向けの科学の本は豊富。低学年からの「かがくのとも」「たくさんのふしぎ」（いずれも福音館書店）や、中学年以上なら「子供の科学」（誠文堂新光社）がおすすめで大人も楽しめます。テレビ番組については 141 ページ以降に詳述。

24
小学校3年生でローマ字を学ぶのは4時間程度です。これではアルファベットも覚えられません。「完ぺき」にするためには、各家庭で練習して身につけさせる必要があります。
しかも、3年生の段階で「ローマ字の読み書きを確かめ、コンピューターでの入力に活用することができる」ところまでを目標にしています。

(6) 1 年で 10 冊仕上げて中学校へ

　家庭学習は基本的に何をやっても自由です。

　今はテレビやインターネットに優れた番組がたくさんありますし、こうした番組を視聴することも、広い意味での家庭学習と言えるかもしれません。

　しかし、実践編ではあえてノートを使う家庭学習を、順を追って説明していきます。

　目標は、**1 年間かけて 10 冊の家庭学習ノートを仕上げて中学校へ進学する**ことです。

　1 年で 10 冊ということは、**1 か月に約 1 冊**のペースです。

　ふつうのノートは 1 冊 60 ページですから、**1 日 2 ページ**でこなしていく計算になります。1 日 2 ページくらいなら、そんなに負担はかかりません。もし最初から 2 ページが難しいなら、1 ページから始めてもよいでしょう。[25]

　家庭学習で使用するノートは、**1・2 学期はマス目のノート、3 学期は中学校で使うキャンパス（大学）ノート**です。小学生のうちにキャンパスノートの使い方に慣れておくと、中学へ進んでもストレスなく授業に入っていけます。[26]

　自主的な家庭学習が進んでできるようになるために、3 章と 4 章では家庭学習の基礎編と応用編を具体的に示していきます。

25
1 学期で 3 冊、夏休みに 1 冊、2 学期で 3 冊、冬休みから学年末で 3 冊と分けて考えると、難しくはありません。
3 か月を過ぎる頃にはペースもつかめ、1 日 2 ページ以上の勉強ができるようになります。年間 15 冊、20 冊とやってきた子どももいました。

26
この指導で進学した子ども達は、口々に「ノートの書き方に慣れていたから、めっちゃ楽だった」と言います。ぜひチャレンジしてみましょう。

基礎編では、日常の勉強からテストまでの勉強方法を流れに沿って解説しています。

　基本は「ていねいに写す」ことです。ここで、**ていねいに書いて覚える方法とまとめ方の基礎**が身につくようにします。[27]

　最初は「型」に合わせて勉強してみるようにします。忙しい親も、基本形があると声がかけやすいものだからです。

　もっとも、どんなに型に合わせて勉強させても、子ども達は必ずその型を破ってオリジナルな勉強方法をつくってきます。いずれ自分に合わせて工夫をするようになるのでご安心を。

　そこから先は応用編の出番です。

(7) 目指すのはテストで点がとれる子！

　教育界では、点数では測れない「ほんとうの学力」があると言われたりします。「点数で測れるのはほんの一部の力だ」といった議論ですね。

　もちろんその通りでしょう。

　だからといって、落ちこぼれがみんなエジソンやアインシュタインのようになれるかといったら、そういうわけではありません。[28]

　テストで測れる基本的な知識や技能を「どうでもいいこと」にしてしまわずに、むしろ、「身につける最低ライン」と思って取り組むのが家

[27]
大人になると、自分の手で文字を書く機会が減ります。だからこそ小学校時代に、ていねいに書く習慣をつけておきたいのです。おそらくこの時期を逃すと、一生そんな場面はめぐってきません。「ていねいに書く」ことを心がけると、子ども達は注意深くなり、集中力も増してきます。結果、間違いも少なくなってきます。

[28]
世の中には学校のテストなんかできなくても、素晴らしい成果を挙げたり、優秀な大学に入ったりする人がいます。でもそれはほんの一握りの人です。たいていは、地道に努力をして、少しずつ知識や技能を身につける人ばかりなのです。ふつうの子どもにちょっと自信を与える、自分で勉強する手がかりを与える、それが本書の狙いです。

庭学習です。

　ぜひ漢字や計算の小テスト、そして単元テストで、**いつもの 10 点上を目指しましょう。** それが自分にとって「いつもの点数」になったら、さらにもう一歩上を目指していきましょう。[29]

　もちろん間違えたってかまいません。もう一度学び直せばいいだけです。そのくり返しで、実力はついていくのです。

　例えば習得するのに練習が 5 回必要な子と、50 回かかる子がいたとします。でも、50 回かかるなら、50 回やって身につけるまでです。50 回やれば、5 回の子と同じになります。あるいはもしかしたら、50 回やるほうが、5 回の子より深く理解し習得できるかもしれません。

　勉強は**あきらめた時点で終わり**です。一方で、最後までやり続けた子には必ず自信がつきます。

　やり続けるために大切なのが「**親の力（サポート）**」です。励ましやちょっとしたほめ言葉による声かけが、どれだけ子どもを支えるかわかりません。[30]

　さあ、親子で頑張って家庭学習を始めましょう。

29
「目に見える点数」に教えられることは実は思っている以上にたくさんあるものです。

30
子どもに対する親の働きかけについては、第 5 章で詳しく説明しています。

第 3 章

家庭学習ノートを
始めよう

＜実践・基礎編＞

レッスン 1 漢字・計算問題で基礎固め

Point!

◎ 漢字・計算問題は「練習量」がモノを言う
◎ 鉛筆の手が止まらなくなるまでくり返す
◎ 間違えた問題は赤で直すのではなくやり直す
◎ 答え合わせは必ず自分でおこなう

(1) 漢字練習はやり方しだいで効果UP

漢字練習は家庭学習の定番です。その漢字練習も、ちょっとした工夫で、さらに効果を上げることができます。

漢字は計算と同じで、**圧倒的に練習量が必要です。**[1]

漢字練習というと、新出漢字を何回も書いて覚えるという方法が一般的でしょう。同じ熟語を1行ずつ書くという勉強方法は、保護者のみなさんも受けた指導ではないでしょうか。

英語のようにスペルを覚えるための練習ならたくさん書いて覚えることも必要ですが、漢字の場合は、書き順や読み方を練習し、その文字を数回練習したら新出漢字の練習はひとまず終了です。

あとは、その漢字を使った熟語を見つけて書いてみたり、その意味を調べたり、忘れないように定期的にくり返し練習したりすることです。

ここで大事なことは、**最初に新出漢字を練**

[1] 新指導要領で小学校の配当漢字は1026字となりました。新しい20字は4年生に配当され、「茨媛岡潟岐熊香佐埼崎滋鹿縄井沖栃奈梨阪阜」の都道府県名に関する漢字です。

習するとき、注意深く漢字の部首やつくりを考えながら書くことです。初めに間違って覚えると、なかなか修正が効きません。また、漢字を練習するときは、1字1字ていねいに書くことで正しく身につけることができます。

つまり漢字練習で大切なことは、**回数を多く書くことではなく、注意深くていねいに書くこと**なのです。

(2) マス目の大きな漢字ノートで練習

6年生になると、漢字ノートも120字や150字のものを使う子どもが多くなりますが、漢字はていねいに「はね、はらい」まで書けるように、**大きなマス目で練習する**ことをおすすめします。私は、2年生くらいで使う「91字ノート」をよくすすめていました。[2]

そして家庭学習ノートに練習するときは、最初は4マス1字で練習するようにします。

文字がきれいに書けない子どもは、漢字の**「たて線・横線・斜め線」**に注意するだけで、かなり変わってきます。こうした細かいところも、大きなマス目に書かせるとよくわかるのです。

(3) 読み仮名を赤のボールペンで書く

教科書の終わりのほうを見てみましょう。すると、学年で習う漢字の一覧と熟語が出ていま

[2] 漢字練習帳は50字程度から200字まであります。高学年になると120字を使う学校が多いようですが、私はしっかりと書かせたいので、84字から91字の十字リーダー入りのものを使っていました。特に字が整わない子どもは、十字リーダーが入っていることで、部首やつくりのバランスがとりやすく、はね、はらいも正確に書けます。学校で使用するノートが小さいマス目なら、無料ダウンロードできる「ちびむすドリル小学生」で、練習しやすいノートをプリントするのもいい方法です。

す。この熟語と漢字ドリルに出ている熟語を練習すれば、ほぼ覚えるべき熟語や使い方は網羅することができます。[3]

　練習するときは、**読み仮名と送り仮名を赤のボールペンで先にノートに書いておき、後で漢字を書いていく**と、ちょっとしたミニテストになっていい練習になります。この方法で下学年の漢字も練習していくと、かなり漢字には強くなれます。

　1年生の漢字から、一気に書いていく勉強方法もあります。3年生くらいの漢字で忘れている字があることも多く、よい復習になるでしょう。

(4) 楽しく漢字を学ぶコツ

　漢字は奥が深いので、ただ書いたり読んだりするだけでなく、楽しみながら学ぶこともできます。

　楽しく漢字を学ぶための草分け的な本は、宮下久夫さんの『**漢字がたのしくなる本**』（太郎次郎社）で、学校でもよく活用しました。[4]

　基本漢字や部首の**カルタ**なども楽しみながら漢字が覚えられるので、苦手意識を持っている子どもには、家庭で取り組むのもおすすめです。[5]

3
教科書に出ている熟語や、副教材の漢字ドリルに出ている熟語を練習すると、小学校で習う範囲はほぼ網羅できます。単元テストには学期に2回ほどまとめ漢字テストがありますが、この対策にも有効です。まず、この2冊はマスターしましょう。

4
1年から3年までは新出漢字を「漢字のお経」にしているので、音読するのも楽しいです。時々「チーン」「ポクポク」などという合いの手も入れられます。

5
1・2年で習う基本漢字を学ぶ「101漢字カルタ」や「部首カルタ」「形声カルタ」などがあります。漢字の組立を10の画に分けて「十の画べえ」というパズルもおすすめです。

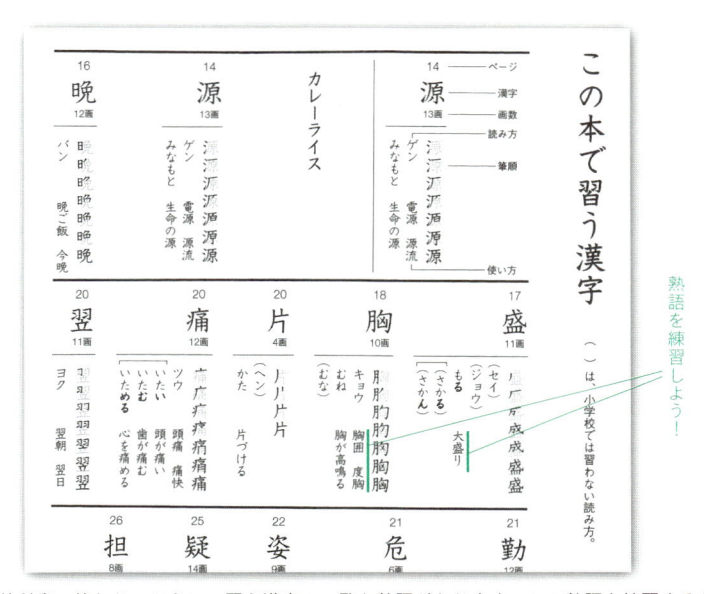

▲ 教科書の終わりのほうに、習う漢字の一覧と熟語があります。この熟語を練習するとよいでしょう。熟語は学校で購入する漢字ドリルにもたくさん出ています。こうした新出漢字を、読み仮名もつけて熟語で練習するととてもいい勉強になります。1回ずつ、何度も練習することで頭に入ります。

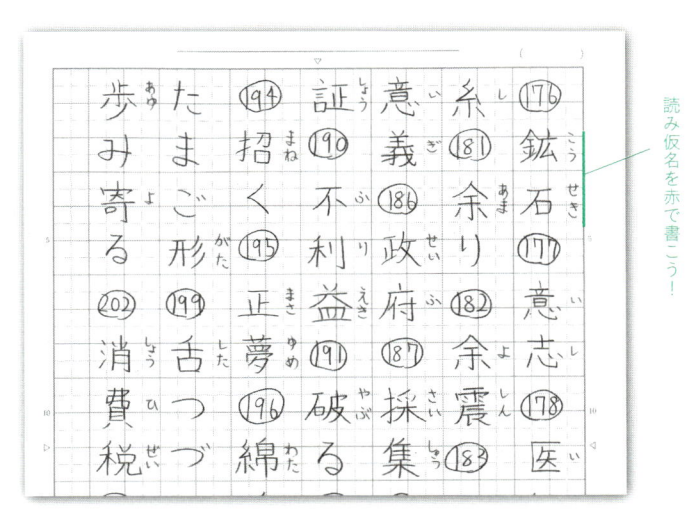

▲ 漢字練習は漢字ノートを使うのが一番いいでしょう。家庭学習ノートを使うなら、最初は4マスで読み仮名も含めて1文字として書くと正確に書くことができます。読み仮名を赤で先に書いてから練習すると、ミニテストのようになって効果的です。漢字練習は、毎日コツコツ続けることがポイントです。

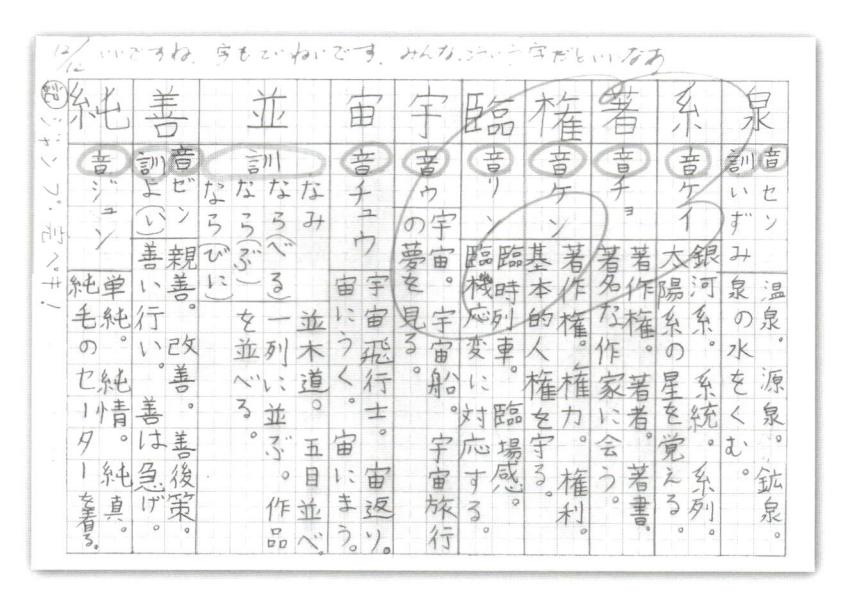

▲ ただ書くだけでなく、自分で調べて練習できるようになれば漢字の家庭学習としては合格です。

(5) 計算は３年生から難しくなる

　算数の「計算問題」は毎日のくり返しがもっとも効果を表す分野です。計算が苦手な子どもには、必ずつまずいている段階があります。そのポイントを押さえることで、子どもの計算力はぐんと上がります。

　右上の表で、**色文字にしたところは、特に子ども達がつまずきやすいところ**です。

　特にかけ算は、わり算の計算のもとになっているので、**九九はどこからでも言えるようになりましょう。**[6]

　わり算は商を立てるときにかけ算を使い、あまりを出すときにひき算を使います。ここで１

[6]
小学校の算数は「九九を制する者は算数を制する」と言ってもいいほど、九九を使うのです。２年生の段階で九九を順番に言わなくても、どこからでも答えられるようになっていると、３年生のわり算が各段にスムーズです。
ここでつまずく子どもは商を立てるとき、宙をにらんで「ろくいちが６、ろくに１２、ろくさん１８…」と唱えるのです。「ろっく５４」まで唱えたときには、できる子は３問先に進んでいます。

算数の学年別つまづきポイント

学年	つまづきポイント
1年	繰り下がり
2年	かけ算(九九)
3年	除数1ケタのわり算　分数の意味と同分母分数の加減　小数の意味と小数の加減
4年	除数2ケタ以上のわり算　同分母分数の加減　小数と整数の乗除
5年	異分母分数の加減　分数と整数の乗除　小数の乗除
6年	異分母分数の乗除　整数、小数、分数の混合計算

年の繰り下がりがすばやくできないと、答えに手間取ってしまうのです。わり算は九九もすばやくできることが必須です。

　5年の異分母の加減は、通分するために九九を自在に使えることが必要ですし、小数の除法は、すべての計算の中でも子どもがもっとも苦手にするところです。[7]

　5年生は小学校の山場と言えるでしょう。

(6) 手が止まらなくなるまでくり返す

　子どもを見ていると、計算力が身についている場合は、問題をどんどん解いていけるので、**鉛筆を持つ手が止まりません。**それに反して、どこかでつまずいている子どもは、鉛筆を止めてじっと考えています。頭の中で九九や、繰り下がりを考えていることが多いのです。

　もし計算が苦手だったら、つまずいたところに戻りましょう。たとえ6年生でも、1年生か

[7] 子どものもっとも苦手な段は7の段、ついで8の段、6の段と続きます。重点的に練習するのと同時に「しちし」が出てこなかったら、とっさに「ししち28」に切り替える力も必要です。

らやり直したっていいのです。そのための家庭学習です。特に5年生の計算分野は、6年間の中のハイライトですから、しっかり練習しておくようにしましょう。

　間違えた問題は、赤で直すのではなく、必ず新たにやり直すことです。日を置いて、同じ問題をやることも効果的です。

　鉛筆を持つ手が止まらなくなるまで、ひたすらくり返すことが大切です。

(7) 答え合わせは必ず自分で

　計算練習で大切なことは、**必ず自分で答え合わせをする**ことです。[8]

　間違えに自分で気づき、「えっなんで！」と思うことは、学ぶうえでもっとも大切な体験です。**「なんで？」「どこが？」とつまづきを自ら追究する姿勢が、つぎのステップに導く**のです。

　やりっぱなしの子どもや、間違いに無関心な子どもは親が指摘してあげることも必要でしょう。間違いを責めるのではなく、「あれっ、どうしてこうなっちゃったんだろう？」と、原因を一緒に考えるのもおすすめです。

　もしかすると、下の学年の計算でつまずいていることも考えられます。5・6年の計算になると、大人もちょっと戸惑うことがあります。こういうときは、親子で一緒に教科書を見てみるのもいいですね。

8
本書は高学年を対象にしているので、計算問題の答え合わせは自分でやるように習慣づけたいところですが、まだ、本人任せでは心配ということなら、親が答え合わせをしてもいいでしょう。間違えた問題を消さずに、新たにやり直すことで、自分のミスに気づけます。計算が苦手なら、教科書やドリルから4、5問抜き出して、全問正解するまでやってみるのもいいでしょう。

(8) 見やすいノートは間違いにくい

　分数の計算は「＝」を左にそろえて書くと、1ページにたくさん練習できます。ミニ定規で分数の横線や筆算の横線を書くと、さらに見やすいノートになります。最初は少し面倒でも、習慣になると苦になりません。見やすいノートにできると間違えにくくなる効果があります。

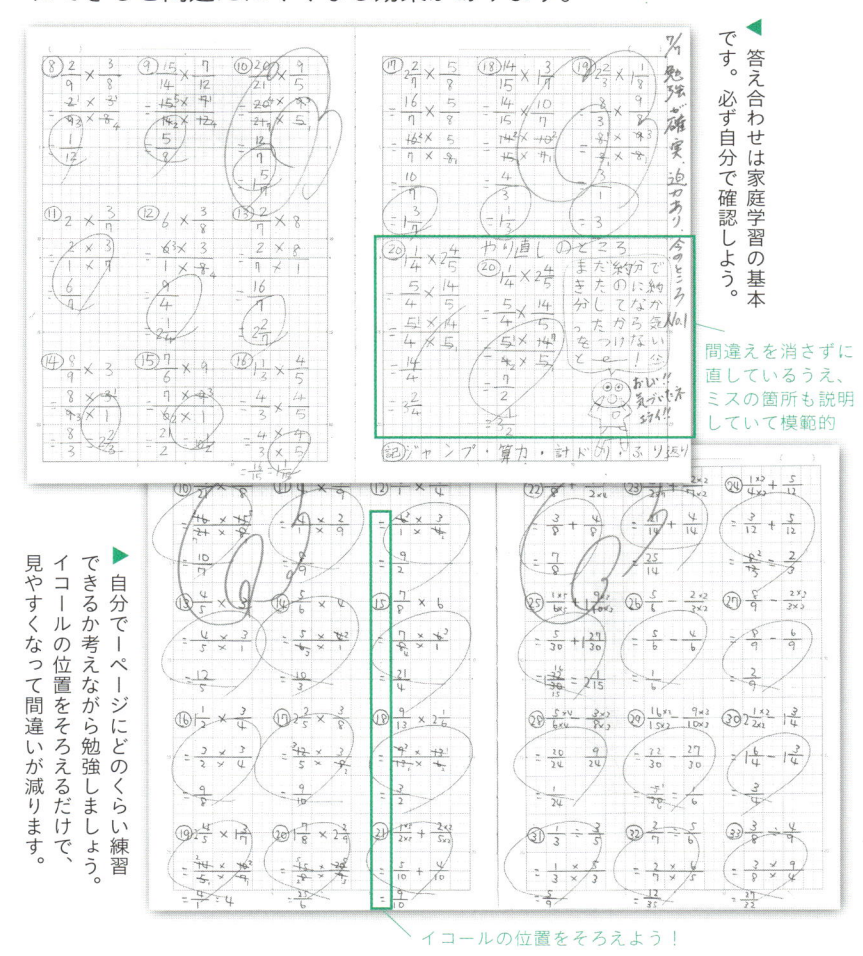

▶ 答え合わせは家庭学習の基本です。必ず自分で確認しよう。

間違えを消さずに直しているうえ、ミスの箇所も説明していて模範的

▶ 自分で一ページにどのくらい練習できるか考えながら勉強しましょう。イコールの位置をそろえるだけで、見やすくなって間違いが減ります。

イコールの位置をそろえよう！

教科書・問題集を使って実力UP

◎ 国語は「言葉」と「書く（作文）」が有効
◎ 算数は「問題文」を丸写しする
◎ 社会は家庭学習がないと終わらない
◎ 理科は「実験・観察」で好奇心をくすぐる

(1) 国語編

① 家庭学習で有効なのは「言葉の学習」

国語の学習は、「**言葉**」「**書く**」「**読む**」「**話す・聞く**」の学習に分けられます。このうち、レッスン1で述べた漢字の学習は「言葉」の学習に入ります。

家庭学習ノートで勉強する際に効果が上がるのは、「**言葉**」と「**書く（作文）**」です。

国語は、1冊の教科書に大きな教材が10前後あり、授業はそれを中心に進みます。しかし、教科書をよく見ると「言葉」と呼ばれる教材が出てきます。ここには、熟語の成り立ちや敬語の使い方、ことわざや漢字の部首とその意味など、「言葉」にまつわることがたくさん出ていて、取り上げてみると、6年間でかなりの知識になります。

この「言葉」は中学に進むと「文法」になります。[9] 後々のことを考えても、「言葉」の部分

[9]
中学に進むと「文節」や「主語・述語」等を改めて教わりますが、その基礎は小学校の低学年から学んでいるということです。単元テストの裏面にある「漢字」と「言葉」をよく復習しておくといいのです。

をしっかり理解しておくことは大変効果的です。

② 文法の基礎は小学校から

文の基本である主語・述語は１年生から出てきます。主語・述語という言葉は２年生で習い、３年生では修飾語を勉強するのです。また、３年生ではローマ字の基本からＰＣのローマ字入力も勉強します。

最初は、教科書の該当する部分を家庭学習ノートに写してみましょう。「言葉」の学習は、基本的にまずは覚えなければいけません。**書いて覚える・書いて理解する・書いて考える、が家庭学習の基本**です。

③ 文章を書くことも習慣に

「書く（作文）」のも家庭学習ノートにふさわしい分野です。ちょっとした**日記や本の感想**など、日常的に書くことに慣れると力がつきます。また、テーマや形式を決めて作文を書くこともいいでしょう。

例えば「新しい元号はどのような名称がいいか、理由も含めて２００字で書きましょう。」とか、「オリンピックで最も感動した場面はどこですか、その理由も書きましょう。」といった**テーマを決めて書く**のもおすすめです。[10]

家庭学習ノートに家族の交換日記を加えるの

10
テーマ作文は高校入試でも出ることがあります。この作文は本当のことを書く必要はありません。学校でやったとき、すごく考え込んでいる子どもがいたので、「これは結論と理由を書く作文だから、納得できる関連性があればいいんだよ。きみの真実の声を聞きたいわけではないんだ」と説明しました。もちろん自分の実感のこもった作文のほうがいいのですが、短時間に書きあげるためには、テクニックも必要です。

も楽しいものです。言葉で話すだけでなく、文字に書くと自分の考えをもう一段掘り下げることにもつながります。

④ 「読む」「話す・聞く」は日常生活で

国語は日常の言語生活が大きく影響します。本をよく読む子どもは、人に物事を伝える言葉が豊富です。多くの優れた表現に接しているからです。でも、だからといって国語のテストがよくできるわけではありません。テストには解くための技術が必要だからです。それは後述するとして、ここでは家庭で読書することをおすすめします。親子で同じ本を読むこともいいですし、読み聞かせも親子の豊かな時間を生み出します。[11]

また、**好きな作品や一節は声に出して読み、最後には「暗唱」する**こともおすすめです。[12]

子どもは驚くほどの暗記力を持っています。小学生の時期に、優れた表現を身につけておくことは、一生の財産になります。

国語の宿題にある「音読」もいいのですが、もっと柔軟に考えることも大切です。

「暗唱」のための**「視写」**[13] も、家庭学習ノートではおすすめです。

朝の会で子ども達が自分の好きな百人一首を解説し、手書きで掲示したことがあります。高校生になった教え子から、この経験が学校でも役立っていると手紙をもらいました。

〈熟語の成り立ち〉
。漢字二字の熟語
二字の漢字からできている熟語の
成り立ちには、次のようなものが
あります。

(1) 〈似た意味の漢字の組み合わせ〉
意味が似た漢字の組み合わせ
〈創造〉

(2) 〈対になる漢字の組み合わせ〉
上の漢字が下の漢字を修飾する
〈縦横〉

(3) 組み合わせ
「―」にあたる意味
〈山頂〉

(4) 〈「―」を「―」に」にあたる意味
の漢字が下に来る組み合わせ
〈洗顔〉

作文課題(1)

● 自分の家族の自まんを二つの段落に分けて作文を書きましょう。

一、初めの段落に「家族の自まん」を書きます。
二、第二段落には、その理由を書きます。「その理由は～」「なぜなら～」などと
書き出しましょう。

※全体で九行になるように書きます。

年　組　番

ぼくの家族の自まんは、みんながスポーツ好きということです。父は、中学校時代から野球をやっていて、今も友達とチームをつくっています。母はママさんバレーのアタッカーです。ぼくは一年生からサッカーを始めました。妹も、今年からバレーボールを始めました。

▶ もしその日の家庭学習ノートが数行残ったら、一言日記を書くのもおすすめです。親御さんがそれに返事を書けば、交換日記になります。また、テーマを決めたり、形式を決めたりする作文も時々練習するといいでしょう。

右の作文は、主張（結論）と理由を書くものです。初歩的な作文ですが、テーマを変えると、いくらでも書くことができます。こうしたプリントを用意しておくと短時間で書く練習になります。

(2) 算数編

① 教科書の「例題」を理解しよう

算数は高学年になると、得意と苦手がはっきりしてきます。その原因のひとつがレッスン1でも述べた「計算力」です。

その計算力のもととなる「計算方法」を理解するために大事になるのが、それぞれの単元の最初にある**「例題」**です。私は、まずは教科書の例題を徹底的に理解することをおすすめします。

教科書の例題を習得すると、類似した問題を解く手がかりを手に入れることができるからです。[14]

始めに**基本型(典型例)を徹底的に身につけることで「考え方のベース」をつくるようにする**狙いです。

② 文章題は問題文を写して解こう

算数の文章題が苦手な子どもは、問題文をよく読まない傾向があります。そこで、最初のうちは、**問題文をノートに写してから解く**習慣をつけましょう。さらに大切な数字にマーカーを引くと、より一層注意をひくことができるようになります。

問題文を書いていると時間がかかって大変では? とか、パパッと問題を解いたほうがいい

14
「例題にある1つの解き方だけ覚えても仕方ないのでは?」といった批判的な見方もありますが、まずは解き方を1つ理解することで、他の方法も工夫できるようになるのです。まずは基本を徹底しておさえるようにしましょう。

のでは？　と思うかもしれません。

　しかし、書いてみると、読むだけではわからない**質問の意図**や**文章題に出てくる数字の役割**がわかるようになります。これに慣れると、しだいに読むだけですんなり問題が頭に入ってきます。その段階に進むための、最初の訓練と思ってください。

数直線を書くことで、数字の持つ意味がはっきりします。

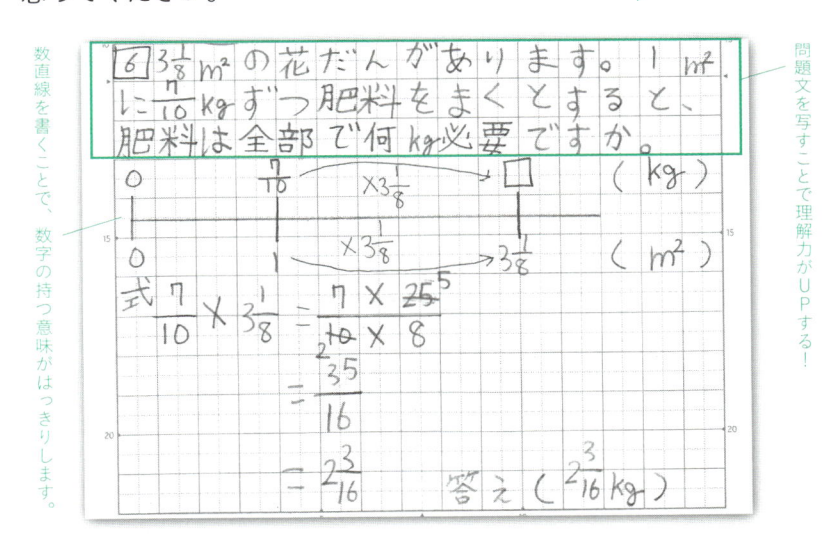

問題文を写すことで理解力がUPする！

③ 問題文を図式化しよう

　教科書は図や数直線などを使って、問題を視覚化するように努めているものです。ですから、ノートに書くときは教科書の例題に限らず、**図式化して理解する**ことがとても大切です。[15]

　例えば３年生に出てくる問題で「12個のアメを３人で分けると、１人何個もらえますか。」

[15]
小学校の算数では、かけ算やわり算等で、図式化して子どもの理解を助けています。低学年ではテープ図、高学年になると数直線、面積図、線分図などが出てきます。本書では数直線と線分図を取り上げています。

というものがあります。これなら場面が浮かぶため、12 ÷ 3 という式はすぐ出るでしょう。

しかし6年生になると「3・$\frac{1}{2}$㎡の壁をぬるのに 4・$\frac{1}{5}$L のペンキが必要です。1㎡ぬるには何Lのペンキが必要ですか。」といった問題が出てきます。この問題文を読んで、正しい式にたどり着けない子どもはけっこういます（正しくは 4・$\frac{1}{5}$ ÷ 3・$\frac{1}{2}$ ）。[16]

このときに数直線が威力を発揮するのです。

文章題は、①問題文を書く ②数直線で表してみる ③問題を解く の順で取り組むとわかりやすくなります。

16
出てきた数字を順番に 並べて、3・$\frac{1}{2}$ ÷ $\frac{1}{5}$ と書く子もいます。

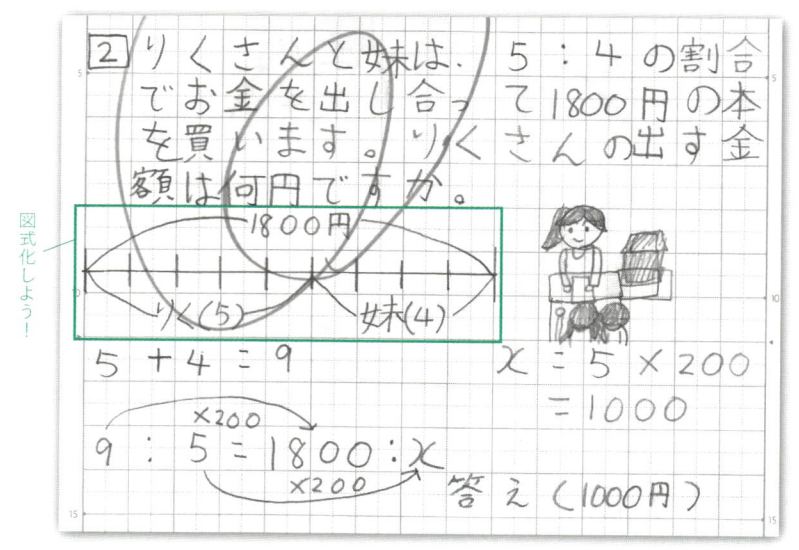

▲ 割合の問題では線分図がいつでも問題を解くカギになります。
　算数は図式化することがポイントです。

④「ノートの書き方例」を参考に

小学校の高学年でも、見やすくノートを書くことが苦手で、ページのレイアウトを考えられなかったり、そのまま写すこともできない子どもがいます。

そんな状況を危惧してか、算数の教科書には**ノートの書き方例**が出ていることがあります。問題文、考え方、図、解き方が見やすく書かれています。これを**そのまま写してみる**のもおすすめです。このような「よい例」をたくさん自分の手で書くことによって、ノートづくりは変わっていくのです。

⑤ 教科書・ドリル・問題集は何回もやろう

新しい問題を次々にやるのもいいのですが、**同じ問題をくり返し解く**ことも大切です。問題を見ただけで、ぱっと頭に解答例が出てくるようになると、はじめて「本当にわかった」と言えるのです。

図形もノートのマス目を使うと、正確に書けます。見取り図などはお手のものになるでしょう。

このように、基本問題と解答をセットにして覚えておくと、応用問題でも解法がひらめきやすくなるのが算数の特徴でもあります。

(3) 社会編

① 5・6年の社会は中学の地理・歴史に直結

社会科は3年生から始まります。自分たちが暮らす市町村の学習から県、そして5年生では日本へと広がります。5年生までは地理的な勉強が中心ですが、6年生になると日本の歴史や政治のしくみ、憲法について学びます。

5・6年の社会科は、**中学に行って地理・歴史・公民として学ぶので、特に大切な科目**です。ここでは6年の歴史分野について、詳しく説明しましょう。

6年生の歴史分野は教えることがたくさんあって、教員のほうもポイントを絞るので苦労します。[17]

そのうえ新学習指導要領で「主体的・対話的で深い学び」の充実が提唱されたことで、今後の社会科ではアクティブ・ラーニングを取り入れた授業が増えることが考えられます。この方法は、課題に対して友達と意見を交流・交換しながら解決方法を考えたり、考えをまとめたりする学び方です。[18]

② 教室の学びに対応できる家庭学習を

教室でアクティブ・ラーニングを取り入れた授業が展開されるようになると、**家庭学習で**

[17] 大河ドラマで1年がかりで放送する内容を、45分の授業で完結するなんてこともあります。

[18] この学び方はどの科目でも可能ですが、社会科は取り入れやすい教科です。戦国時代のまとめに「信長、秀吉、家康で、日本の歴史にもっとも影響を与えたのは誰だろう？」なんてテーマで授業したら、盛り上がりそうです。

基礎となる事柄を身につける必要が出てきます。授業で意見の交流をするためには、1人1人に知識がないとできないからです。

　今までの授業のような先生の講義中心のものにくらべて、お互いに意見を交流するため、時間がかかることも予想されます。**内容が終わらなかったり、「残りは各自で勉強しておいて」と言われることも想定できる**でしょう。こうした事態への対応も、家庭学習ノートでしておくようにしましょう。[19]

③ マンガ、テレビ、年表、人物調べ

　現代の歴史マンガはとてもよくできています。[20] これを読んで人物調べをしていた子どもがいましたが、たしかに内容も豊富で、大人が読んでも楽しめます。また、歴史ドラマや歴史をテーマにした番組も親子で楽しめます。[21] インターネットで見つけた歴史の歌も子ども達に大受けしたことがあります。目でも耳でも歴史の醍醐味を味わえる教材はたくさんあります。

　また歴史の大きな流れをつかむためには、**年表を使う**ことがポイントです。教科書によっては、今、勉強している時代だけを取り出したミニ年表が出ています。教科書や資料集の巻末には大きな年表もついているので、ていねいに写して覚えておくと、時代の流れをつかむことができるようになるでしょう。

19
学校は、文部科学省や教育委員会から様々な指導を受けたり、指定を受けて学校独自の研究をしたりしている場合もあります。授業の形態が様々に変化しても、それに対応し、基本的なことを身につけておくためには、家庭学習は欠かせません。

20
歴史マンガは進化しています。学研、集英社、小学館、KADOKAWA等が競って出版していて、そのどれもがおもしろいのです。有名マンガ家が絵を描いているものもあり、楽しんで歴史の流れをつかめるのが魅力です。日本の歴史だけでなく、世界の歴史もあるので、中学入学前に読んでおくのもいいでしょう。また、手塚治虫の「火の鳥」や「アドルフに告ぐ」等は、歴史的な出来事を下敷きにした素晴らしい作品になっています。

21
歴史ドラマは、NHKの大河ドラマを筆頭にたくさんあります。以前わが子は小学校から帰って「水戸黄門」を祖父と見ていて、大ファンになりました。娯楽番組も侮れません。

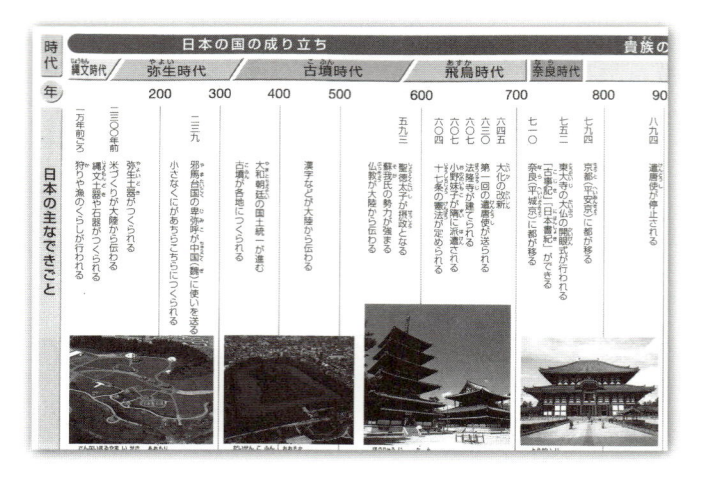

▲ 教科書の巻末には長い年表がついています。また、本文の中にも、時代ごとに小さい年表が出ています。これをしっかり写して、時代の流れをおさえておきましょう。

教科書は見開き2ページでひとまとまりの内容になっているので、本文に出てくる人物名や場所、出来事、特色ある名称などを、ノートに抜き出しておくこともよい勉強になります。

地図や写真を絵に描くことで、さらに特徴をとらえやすくなります。もちろん、人物調べも歴史の勉強には欠かせません。

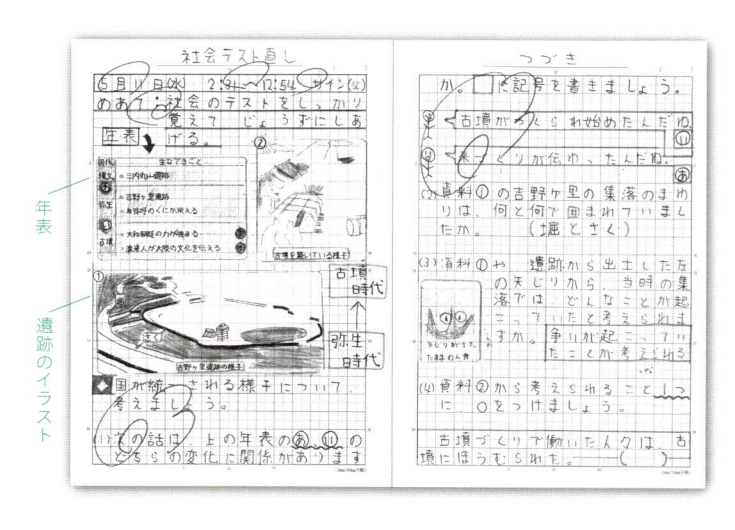

年表

遺跡のイラスト

▲ 年表やイラストまでていねいに書いています。ここまでやるのは一見ムダにも見えますが、こうすることで理解度は格段にUPします。

④ 絵の活用で特徴をとらえる

　歴史の教科書では最初に、縄文と弥生のむらの絵が出てきます。この絵を描いてみるのもいいでしょう。絵を描くのが苦手ならトレーシングペーパーを使います。そうすると、むらの特徴がとてもよくわかってきます。[22]

　慣れてくると特徴をとらえて簡略化した絵も描けますし、人物については学校で購入する資料集にシールがついています。人物調べに使うと見やすいノートになります。

22
ほかにも例えば、鎌倉の地図を描いてみると、源頼朝がこの地に幕府を開いた意味がとてもよくわかるようになります。

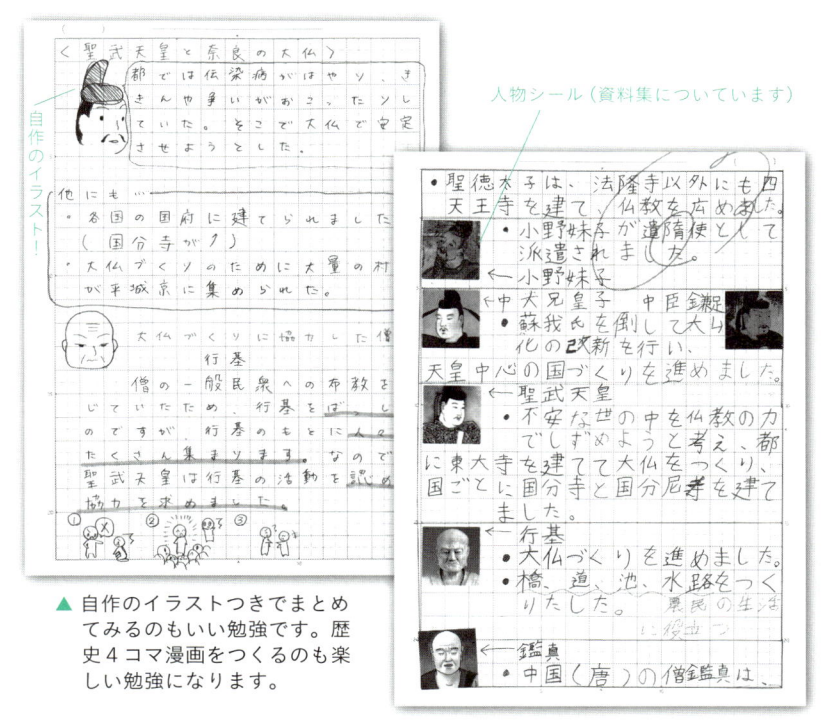

▲ 自作のイラストつきでまとめてみるのもいい勉強です。歴史４コマ漫画をつくるのも楽しい勉強になります。

▲ 人物シールは大活躍！予習としても役に立ちます。

(4) 理科編

① 理科は4分野の基礎を学ぶ

理科は生物、地学、物理、化学と4分野に分かれますが、小学校ではその基礎になる内容を、生命、地球、エネルギー、粒子という4分野で学習します。5・6年生でそれぞれ10〜11の単元に分かれています。

	生命	地球	エネルギー	粒子
5年	植物の発芽・成長 メダカの誕生 人の誕生	天気の変化 流れる水の働き	電磁石の性質 振り子の働き	ものの溶け方
6年	植物の成長と 日光・水 体のつくりと働き 生物の環境　等	月と太陽 土地のつくりと 変化	てこのはたらき 電気の性質と 利用	ものの燃え方 水溶液の性質

② 4つのポイントをまとめよう

理科は子どもたちに人気の教科です。特に実験は熱心に取り組みます。しかし、結果が教科書と違って、「どうして?」ということも多いのです。授業はここからが試行錯誤しておもしろいのですが、家庭学習では、ある程度知識の習得を目指していくことが必要です。

まとめるポイントは、①課題や疑問 ②実験・観察 ③結果 ④考察・結論 の4つです。[23]

23
このポイントで、5・6年の学習内容を見直してみるとすっきり整理できます。
［②実験・観察］は絵が欠かせません。

これらを授業のノートや教科書を使ってまとめていきましょう。**実験の様子は絵で描く**ことがおすすめです。絵や写真、図で頭にインプットしたほうが忘れにくいからです。

③ 実験器具の使い方や実験方法も

　理科はいろいろな器具を使って実験や観察をします。６年生では
・気体検知管の使い方
・石灰水の使い方
・顕微鏡の使い方
・リトマス紙の使い方
・薬品の扱い方
・こまごめピペットの使い方
・コンデンサーの使い方
　等を学びます。このような実験器具の使い方や実験方法も、家庭学習の中で予習するといいですね。[24] そうすることで、授業で使ってみたときに「こういうことか！」と納得感を高めることができるからです。

④ おもしろい実験や観察もいっぱい

　高学年になると内容が高度になるので、大人も楽しめる実験や観察が出てきます。特に水溶液の性質を勉強した後、紫キャベツやブドウの皮のしぼり汁を使って、さまざまな液体の性質を調べる実験をすると、子ども達は大喜びです。

24
理科は実験・観察をおこなう器具や使い方を知っておくことも大切な勉強です。私は、気体検知管を使う前日に、家庭学習ノートで予習をさせました。器具を扱ううえでの注意点もわかって実験に臨めるので、より安全です。

そんなちょっとした実験や観察のヒントが、教科書にはいくつも出ています。教科書を隅々まで活用することで、子どもの好奇心をくすぐることができます。

　日頃は教科書や授業を中心に勉強しつつ、夏休みなどの長期休暇を利用して、親子で様々な施設を利用し、楽しんだり学んだりするのがおすすめです。[25]

25
テレビやパソコンでも、たくさんの情報を得ることができます。週末や長期休暇には科学博物館や天文台に出かけるのもいいですね。

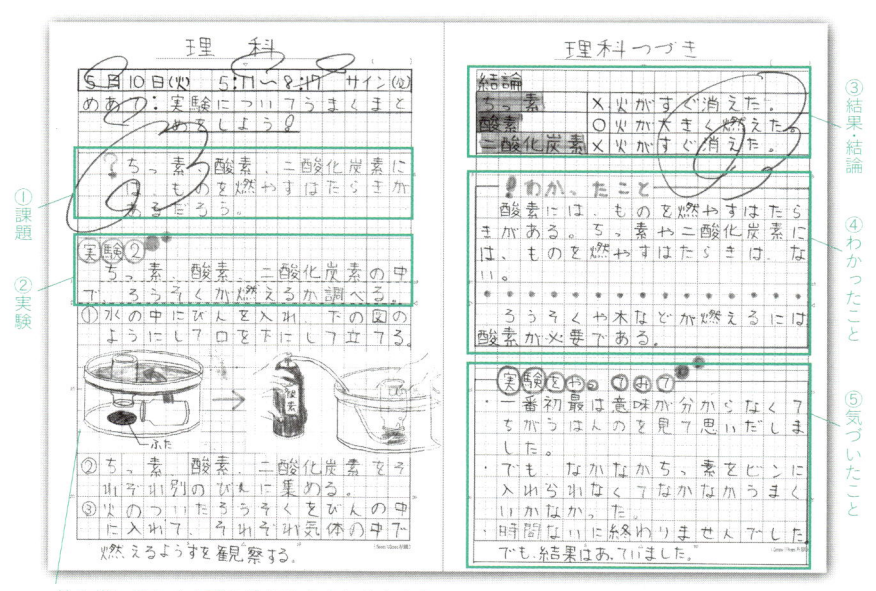

絵を描いておくと頭に残りやすくなります！

▲ 実験内容をこのようにまとめるときちんと復習できます。

◀ 教科書には「課題」や「疑問」「実験」などがたくさん出てきます。実際に授業でやったことを参考にノートにまとめてみましょう。

レッスン 3 単元テストの必勝対策法

◎ プレテスト・テスト・解答はすべてファイルをして取っておく
◎ 単元テスト前日はプレテストを問題分をふくめて丸写しする

(1) すべてファイルにまとめよう

　教科書が学習の基本なら、**理解の程度を見る基本が単元テスト**です。

　ここ数年、教材の会社は本番のテストの前に、プレテストという復習プリントをつけるようになりました。ここには各単元のポイントが出題されます。「これができたら、本番では 80 点はとれるよ」といった趣旨でしょう。

　つまり 1 つの単元に、**プレテスト・テスト・解答と 3 枚のプリントがある**ことになります。6 年生は年間で各教科 15 〜 25 枚ほどのテストをしますから、全部合わせると 80 枚ほどになります。

　これらを**すべてファイルしておくと、手軽に復習ができるよい学習教材になります。**

　子ども任せにしておくと、どこかへ失くしてしまうこともあるので、専用のファイルを用意して教科別に取っておくようにしましょう。[26]

26
プレテスト、テスト、解答を教科別にファイルしておくと使いやすいです。1年間でかなりの量になりますが、これがすべて頭に入っていれば、自信をもってつぎの学年に進めます。
ファイルの準備（A3かA4）やまとめ方は、最初は親が手を貸してあげてください。

(2) テストの前日はプレテストを丸写し

　テストの前日には、授業でプレテストを使った復習やまとめの問題をすることが多いものです。そこで、その日に持ち帰ったプリントを使って家庭学習ノートに書き写すようにします。ポイントは**問題も含めてすべてを書き写すこと**です。[27]

　問題文には様々な情報が入っているので、丸ごと頭に入れると大いに復習になるからです。

27
「えーっ、全部写すの?!」と、子どもはかなりの抵抗を示すかもしれませんが、ここは踏ん張りどころです。

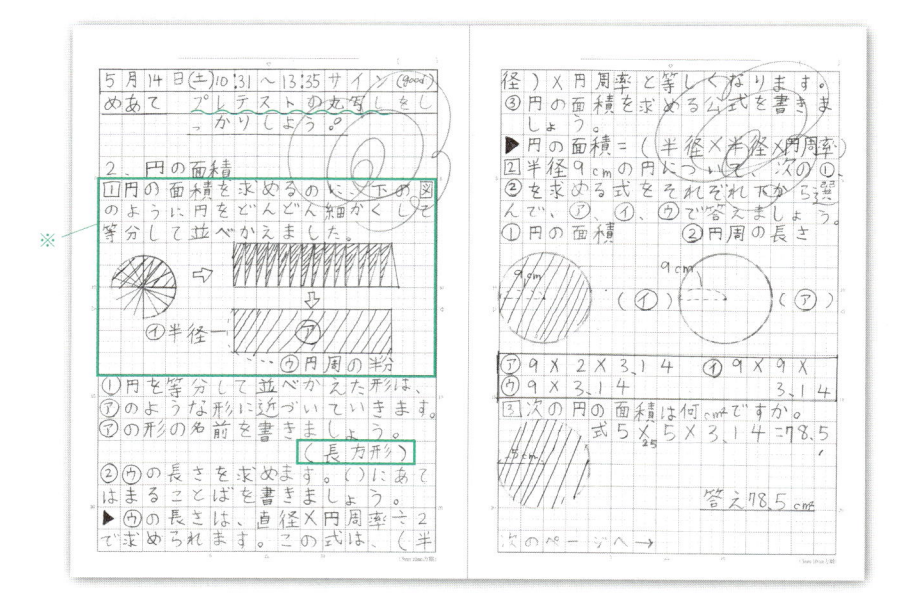

▲ 例えば算数の「円の面積」では、【半径 × 半径 × 円周率】という公式を使えることはもちろん、この公式がどうやって導かれたかを理解していることも大切です。
単元テストでは、【半円を放射状にどんどん細かく分解し、半円どうしを組み合わせると、限りなく長方形に近くなる】という考え方が必ず出題されます（※）。つまり、単に公式をもとに円の面積が出せるだけではだめなのです。こうした基本の考え方も、プレテストには出ているので、前日に丸写しすればテスト対策になります。

社会は問題文も長いうえ、絵や年表も入っています。写すのはかなり手間がかかりますが、答えだけを書くのではもったいないです。

　問題文ごと丸写しすることで、はじめて多くの情報が得られるからです。

問題文まで書くから答えがしっかり身につきます！

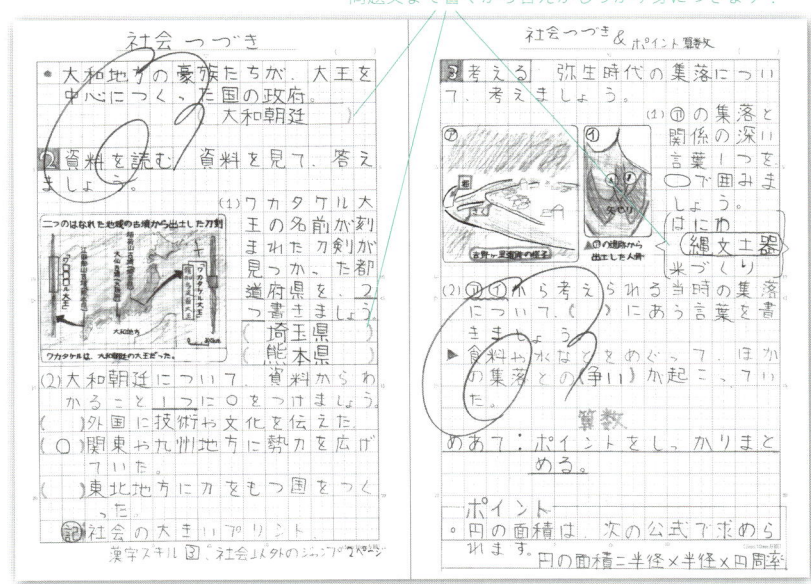

▲ 問題文ごと丸写しすることで、多くの情報を頭に入れることができます。

　このように「**プレテストは必ずテスト前に家庭学習ノートに写す**」という習慣を身につけておくと、単元の大切な部分をもう一度確認することができます。

　プレテストのプリントは小さく、問題数も少ないので、それほど負担はないはずです。基本の考え方をふり返る意味でも、ぜひやっておきたいことです。

(3) 国語のテスト対策法

◎ スキルがあれば読解問題は簡単！

国語の単元テストは、表面が「読解問題」[28]、裏面が「漢字と言葉」という構成が大部分です。

読解に関しては、授業の内容を思い出しながら、あらかじめ本文を読んでおくことが基本です。場合によっては、授業のノートを家庭学習ノートに書き写すことも役に立ちます。

しかし、**国語のテストができない子どもの多くは、問題文に呼応できる答え方をしていないことが多い**のです。このちょっとしたポイントを外さなければ、国語のテストは簡単です。

国語のテストは上に問題文、下に問いの構成になっていますが、**問いに呼応する答えは、ほぼ真上の問題文に隠れている**のです。**国語のテストで大切なことは答えの部分を見つけること**です。

つぎに大切なことは、問いに対する**適切な答え方**です。[29]

聞かれたことに呼応するように答えるのがポイントです。慣れてくると、聞かれ方だけで答えの部分もわかるようになってきます。

問題は最初は易しく、最後に全体を通したちょっと難しい質問がされます。最後は全体を

28
読解のほかに「書く・話す・聞く」の場合もあります。

29
例えば、「どんな気持ちになりましたか。」と聞かれたら「～という気持ち」と答えます。
「大切なことは何と何ですか。」と聞かれたら、「～と～です」と答えます。
このように質問に呼応するように答えるようにします。

通して考えます。

　このような解答技術を知っていれば、読解問題は意外に簡単でしょう。

　一方、**覚えなければ解答できないのが、言葉のきまりや漢字**です。これも通知表で「正しい漢字や言葉の使い方ができる」という項目で、しっかりと評価されます。

　言葉のきまりはレッスン2でも述べたように、**中学へ行って「文法」として学習する内容**です。大きな単元の後に2ページ扱いくらいで出てきます。見逃してしまいがちですが、ここはしっかりおさえましょう。漢字は毎日少しずつやっていればあわてることはありません。

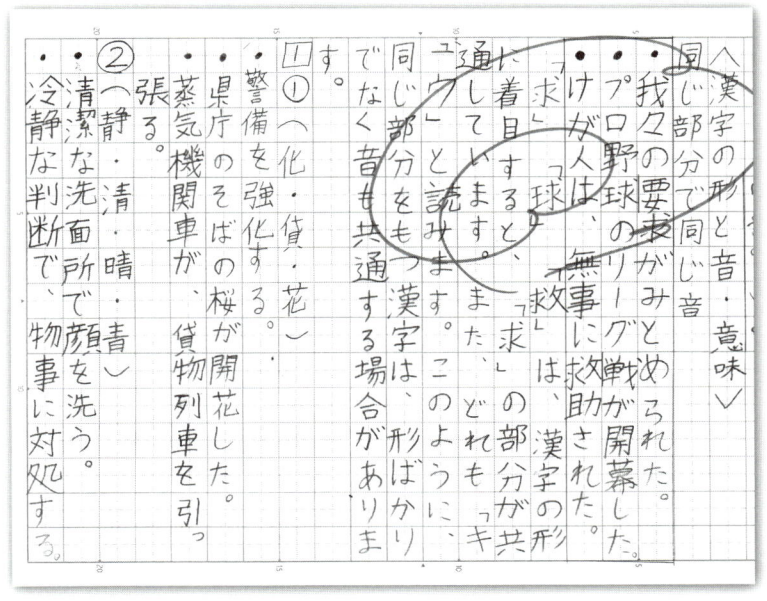

▲「言葉のきまり」は各学年に必ず何カ所か出てきます。時間のあるときに下の学年の分も書き写しておくとよい復習になります。

(4) 算数のテスト対策法

◎ 総復習のページと間違えた問題を！

プレテストで問題文や図、数直線をしっかり復習したら、つぎは今までやって間違えた問題をもう一度解いておきましょう。

算数は、1冊が計算ドリル、もう1冊が文章題も含めた問題集と、合わせて2冊の教材を使っていることが多いはずです。

しかしテスト対策としてこれらの計算ドリルや問題集、教科書をすべてやり直すのは大変ですから、**教科書の最後の総復習ページをやっておく**のが能率的です。また、**今まで間違えた問題**をやり直しておくことも大切です。

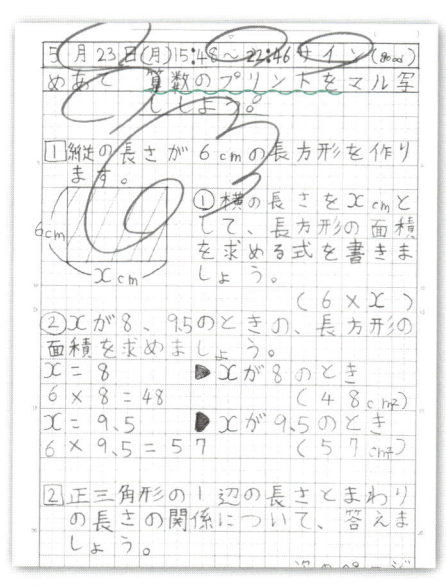

▲ テスト前には間違えやすいプリント問題にも取り組んでみましょう。

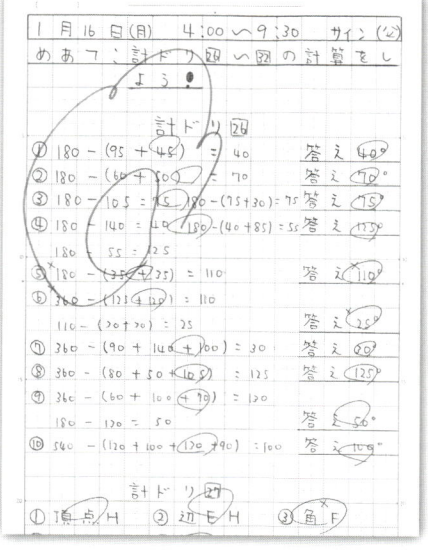

▲ 計算ドリルは手軽に練習ができます。余裕があったらまとめて復習すると効果的です。

(5) 社会のテスト対策法

◎ 年表とキーワードが決め手！

　6年の社会は**年表と時代のキーワード**がテストの決め手になります。レッスン2でも年表の大切さは書きましたが、テスト直前にも復習しておくと確実です。[30]

　学校で購入する社会の資料集には、**作業帳**がついてくることが多いのですが、書き込む前に何枚もコピーしておくと自分で小テストすることができて便利です。[31]

　ただ、基本は教科書です。教科書は視覚的に工夫されているうえ、以前とは比較にならないほどの情報量になっています。テスト範囲のキーワードを抜き書きするだけでも有効です。

[30]
市販の年表を目につくところに貼っておくと、いつでも見ることができるのでおすすめです。トイレの中などは特に効果的です。

[31]
作業帳は書き込める教材のことです。インターネット上にも様々な教材があるので、ダウンロードして使うこともおすすめです。詳しくは第5章で紹介します。

▲ 作業帳はコピーしておき、ミニテストのように活用しましょう。

▲ 時代ごとに重要語句を漢字で書けるよう練習します。語句から時代の特色が思い描けるようになると勉強がさらにはかどります。

(6) 理科のテスト対策法

◎ 実験や観察の流れをつかむ！

　理科は高学年になると専科教員が指導することが多いので、担当がプリントをつくったり、理科ワークを使ったりと、指導方法は様々です。ここでは、教科書とプリント類、プレテストを使ってテスト準備をしましょう。

　プレテストの使い方は他の教科と同じです。**特に実験や観察の図はていねいに書くことが大切**です。[32]

　6年の理科で難しいのは「人のからだのつくり」です。模型や人体図で確認しながら勉強を進める必要があります。

32
色鉛筆で彩色すると「ヨウ素液を使っただ液の働き」や「植物の水の通り道」「水溶液の性質」などで、色までしっかり記憶することができます。
また、実験の方法や結果、わかったことなどは、ひとまとまりにして書くと、よりはっきりと理解できるようになります。

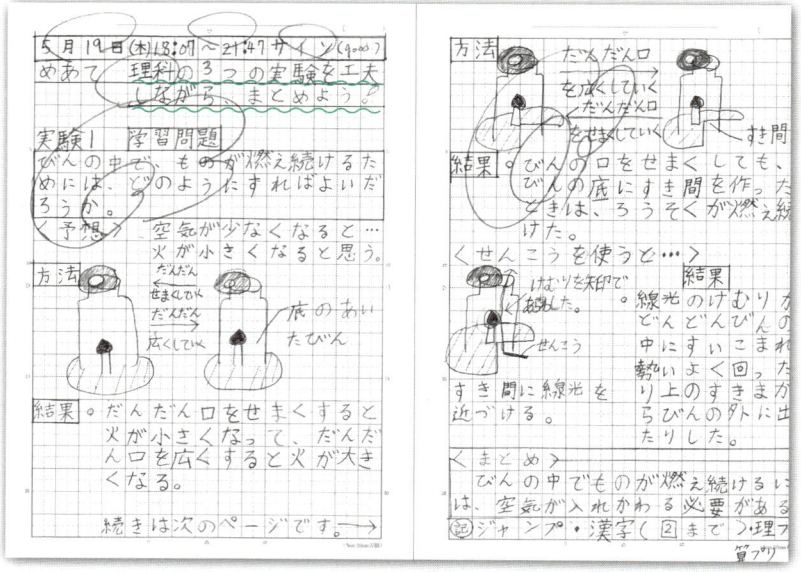

▲ 大事な実験は、授業の内容を思い出しながら、絵や文でまとめるといいでしょう。

本当に大事なのは
テストが返された後！

◎ 返却されたテストは、全問（正答できた問題もふくめて）家庭学習ノートに書き写す
◎ テストは必ずすべてファイルをして取っておき、数日後に再テストをおこなう

(1) 準備が万全なら結果は上々

　レッスン3で説明したように、準備がしっかりできていたら、きっと単元テストの結果は上々のはずです。

　全問正解ならひとまず安心ですね。

　もし間違いがあったら、どんなところにつまずきがあるか見てみましょう。

　ところで単元テストは、下記のような観点に分かれてできています。そのことを確認したうえで、テストが返された後に何をやればいいか、解説していきます。

算数・社会・理科	表面で「知識・技能」等の基礎力 裏面で「思考・判断・表現」等の応用力
国語	表面が「読む」または「書く」「話す・聞く」 裏面が「漢字」「言葉」

(2) テストが返された後にやること

　ふつうの小学生には解けないような難問もへっちゃらな子が、簡単なミスをしてしまうことがある。それが単元テストです。基本的な問題の多い単元テストでも、そのくらい満点をとることは難しいのです。

　ところでみなさんのお子さんは終わったテストをどうしているでしょうか。きっと「テストが返ってきたら、間違いを直して終了」という子が多いでしょうが、これでは効果は70％です。

　テストは注意力も大切なポイントです。

　そこで、**返されたテストは問題も含めて、すべて家庭学習ノートに写してやり直しましょう。間違えたところだけでなく、すべてです。**[33]

　間違えたところだけでいいじゃないかと思われるかもしれませんね。

　しかし、単元テストは、基本的な内容がたくさん出ています。今回、たまたまできたとしても、しばらく時間がたってやったらできないこともあります。また、あわて者は、今度は違う問題でケアレスミスをするかもしれません。

　ですから学校でやったテストは、もう1回やっておくことが望ましいのです。

　テストを写し終わったら、今度は**解答部分をホワイトで消して、何枚かコピーしておく**

といいでしょう。**数日後に再テストをすると、さらに定着できます。**学校によっては、再テストを実施しているところもありますが、もしやっていなければ、ぜひ家庭でやりましょう。解答はすでに配布されているので、子ども自身で答え合わせをすることも可能です。

(3) 小さなことからコツコツと

単元テストでミスを埋めていくと、この先の学期末テスト、学年末テスト、学力テスト等で力を発揮することができます。それに、こうした準備をしてテストを受け、間違いをすると、とても「悔しい思い」をするのです。その**「悔しさ」が強ければ強いほど、これからの勉強に真剣に向き合える**ことになります。[34]

よく理解していないところは、普段から先生に質問したり、教科書や問題集で復習したりしておくことも大切です。

テストは単に成績をつけるためだけではなく、自分のわからないところや不十分なところをあぶり出すものでもあります。そうやって使ってこそ、テストの意味があるのです。[35]

以上をまとめると、つぎのようになります。

早いうちに、この家庭学習の流れを身につけておくことがポイントです。

日頃の家庭学習、テスト前の準備、テスト後の復習といった一連の流れがわかっていると、

34
学校の入試や資格試験、検定試験は、テストの結果ですべてが決まります。しかし、学校の単元テストやまとめテストは成績に反映はされますが、それで終わりではありません。自分に何が欠けていたか、何がわからなかったか、何を見落としたか…そうした多くのことに気づかせてくれる機会なのです。

35
ところで、私はテストのことばかりを言っていると思われるかもしれませんね。
それは、学校のテストが格好の「復習材料」と考えるからです。教科書の内容ができなければどんな教材や塾で勉強しても無駄なように、学校のテストができなくてはその先はありません。まずは、身近なテストを確実にこなせるようにしていきましょう。

中学校へ進んでも最初から勉強方法に迷うことはありません。

　後は自分に合った工夫ができるようになれば心配ないでしょう。

家庭学習の流れ

日頃の勉強
- 漢字、計算は毎日少しずつ。（レッスン1）
- 教科書、問題集、資料集を使って、教科に合わせた勉強をする。（レッスン2）
- テスト前にはプレテストやプリントで弱点チェック。（レッスン3）

テスト
- 点数にくじけず諦めない（実力発揮の機会はまだまだある）

復習
- テストは必ず取っておく
- テスト問題を家庭学習ノートに丸写しして復習する。

再テスト
学校で再テストがない場合は右記を参照

《方法1》
- テストの解答が配布されるので、一度コピーした後、解答を修正液で消す。
- 何枚かコピーしておくと、再テストに活用できる。

《方法2》
- 解答用紙に赤の暗記用下敷きを載せて、答えを家庭学習ノートに書いていく。

(4) 下学年の復習にも生かす

　ここまでのやり方で取り組んでみて、もし時間に余裕がある場合や、やることが見つからないときは、**下の学年の勉強もしてみましょう。**テスト用紙が残っていたら、テストも同じ方法で復習に使ってみるといいでしょう。

　特に5・6年生の勉強内容は中学に直結しています。[36] 勉強したことを忘れないためにも復習できるとよいです。

　また、当時はできなかったことも、ちょっと時間がたって新しい勉強をしたことで、わかりやすくなっていることもあります。ぜひ確認してみましょう。

　提出する、しないにかかわらず、家庭学習は基本的に本人の自由な選択に任されています。

　ここまで読んだみなさんは、もう勉強方法の基本がわかったはずです。どの教科にも応用することができる簡単な方法ですから、いろいろと試してみてください。

　もう、漢字練習と計算練習のオンパレードにはならないで、充実した家庭学習ができるはずです。頑張ってください。

[36] 特に算数は図形の合同や拡大図と縮図など、中学の証明問題につながります。きっと倍数や約数、単位量、割合などは難しくて、手を焼いたところのはずです。こうしたところの復習をやってみるのです。
ほかにも、5年の地理は6年の歴史や公民と違う内容なので、自分で復習しておかないと忘れてしまいます。中学へ行ってブランクがあると戸惑うことがあるのです。ここでも、家庭学習の出番です。

レッスン 5 「まとめテスト」の対策法

◎ まとめテストの前に、今までの問題をすべて片っ端からやりなおす
◎ 自分のやりやすいやり方で、オリジナルノートをつくってみる

(1) 学期末テストで結果を出すには

　学校の先生はたいてい業者テストを使用して、その点数を参考に成績をつけています。このテストには最後に「まとめテスト」がついています。国語なら学期末の漢字テストも必ずあります。

　この**学期末テストが、今までの総まとめ**です。しっかり準備をして臨みましょう。

　このテストは、範囲が広いので子どもはみんな苦手です。今やっている勉強はできるけれど、以前の内容は忘れてしまう、という子が多いからです。**ここで大切になるのがくり返し学習**です。[37]

(2) 今までの見直し・やり直し

　まとめテストだからといって、新しい教材が必要になるわけではありません。**ファイルしておいた今までの単元テストとプレテストを**

37
小学生は範囲が狭いですから、単元テストは結構できるのです。しかし、まとめテストができるようにならないと、中学へ行ってから、中間・期末テストで太刀打ちできません。まして、高校入試は大変です。ここでいうくり返し学習は「何を」くり返すかがポイントです。ただやみくもにやっても時間の浪費。効率的な復習をしましょう。

使いましょう。

　家庭学習ノートに**今までの問題をすべてやり直す**ことが一番です。[38] ここでは問題文を写さずに、問題を片っ端からやっていく方法を取りましょう。

　学期末テストをやる頃には、子どもは書くことへの抵抗は減っています。解くことがおもしろくなっている子も少なくありません。

　すでに1回やっている問題ですし、間違いは何回もやり直しているので、自分でも驚くほど進んで自信が持てるようになるでしょう。

(3) オリジナルノートが出てくる

　今まで、「写す」「真似る」ことを中心に家庭学習を進めてきました。しかし、まとめテストまでくると、子どもたちが自分で考えて、能率的にたくさんのことを勉強するにはどう工夫したらいいかをそれぞれが考えるようになっています。

　ノートの使い方だけでなく、勉強の仕方にも1人ひとりの得意を生かすようになります。

　つぎのページに、「各教科別の＜まとめテスト対策法＞」をまとめました。参考にしてみてください。

38
テストの解答用紙は答えが赤で印刷されています。ここに暗記用下敷きの赤を載せると、答えは見えなくなります。即席のテスト用紙ができるので、答えだけ家庭学習ノートに書いていきましょう。ここでつまずいた問題をやり直せば、勉強はどんどん進みます。

各教科別の≪まとめテスト対策法≫

■ 国語
①読解問題は新しい作品が出るので、今までのテストで「答え方」の練習をしておこう。
②漢字は漢字ドリルや教科書の熟語で練習する。
③テスト裏面の言葉のきまりも復習する。

■ 算数
①計算だけでなく、文章題に取り組む。
②教科書の基本問題は、数直線や図を合わせて書く。
③ドリルや問題集は、単元の最後にある「まとめの問題」を先にやる。

■ 社会
①歴史は年表を写して、流れをつかむ。
②教科書を読んで、キーワードを抜き出しておく。家庭学習ノートに漢字で正しく書ける練習をする。
③自分の言葉で解説や絵を書いて確かめる。

■ 理科
①教科書に目を通して、「わかったこと」や「まとめ」と書かれたところを写す。
②「課題や疑問」、「実験・観察」、「結果」、「考察・結論」を短い言葉や図でまとめる。
③実験のポイント、器具や薬品についても確かめる。

第 4 章

家庭学習ノートを
始めよう

＜実践・応用編＞

レッスン 6 夏休みは可能性がいっぱい！

Point!

◎ 夏休みドリルは7月中に仕上げる
◎ 下学年の復習もおこなう
◎ ローマ字をマスターする
◎ 発展学習は家族みんなで楽しみながら学ぶ

(1) 夏休みは基本と発展の2本立て

　約40日ある夏休み。宿題はこんなところでしょうか。

> **＜夏休みの宿題＞**
> ・夏休みドリル1冊
> ・漢字練習
> ・計算練習
> ・読書感想文
> ・習字　・絵やポスター画　・工作
> ・理科や社会の自由研究

　学校によって多少の違いはあるでしょうが、基本的には**1学期の復習**と、**授業からの発展学習**の2本立てで宿題は出されます。
「1学期で習ったことを忘れるなよ！」という配慮で、夏ドリルや漢字練習、計算練習が課題の中心になります。

発展学習としては、理科や社会の自由研究が宿題の定番です。高校まで続く読書感想文、国語の「書くこと」と関連した標語や課題作文、また、絵や工作も必ず出されますね。

宿題の基本部分は子どもに任せておきます。ただ夏休みドリルの答え合わせは、高学年でも親が見てあげることをおすすめします。
「高学年にもなって？自分でできるでしょう」とおっしゃる保護者もいますが、夏休みドリルは答えがついています。これを見ながら答え合わせをしてあげると、どこができていないかよくわかるようになります。

子どもの間違いに気づいたら、まずは教科書に戻りましょう。[1] 子どもは問題を解くとき、教科書や資料集などを参考にせず、ひたすら問題に取り組むことが多いのです。そんなときに、**考える手がかりになるところを一緒に探してあげると、しだいに自分で調べて問題を解くようになります。**

中学生になったら、子どもの勉強は見たくても見られません。子どもが嫌がりますし、内容も難しくなるのでお手上げです。

だから、**小学6年生は親子で問題に取り組んだり、解決の方法を探る最後のチャンス**なのです。

発展学習には、親も進んでかかわりましょう。日頃できなかった理科の実験や観察、社会の史跡めぐりを親子で楽しむこともできます。[2]

[1] 動画サイトを探すと、いろいろな人が自分の授業をアップしていることに気づきます。特に算数は動画が豊富です。時間のある時に復習する意味で、こうした動画を活用するのもいい手だと思います。もちろん無料で、何回も見られます。

[2] 博物館や科学館、歴史館、美術館などの見学は、家族旅行と組み合わせるといい思い出にもなるし、まとめるときにも親子でアイデアを出し合えます。

(2) 宿題とノートの組み合わせ方

　夏休みは、宿題以外に家庭学習ノートを1冊仕上げるつもりで、夏用のノートを用意しましょう。ここでも、使う教材は学校から配られた夏休みドリルや、1学期に使ってきた問題集や漢字・計算ドリルです。

① 夏休みドリルのやり直し

　学校から配られた夏休みドリルは、夏休みに入ったらすぐ取りかかり、**7月中に仕上げるようにしましょう。**[3]

　間違い直しはドリルに直接書くのではなく、家庭学習ノートにやり直すといいです。ドリルに直すだけだと、どうしても正しい答えを写すだけになってしまいます。しかし、ノートに最初からやり直すと、もう一度自分の頭で考え直すことになるのです。

　問題文から写す必要はありませんが、算数の文章題で間違えたときは、問題文を写すことで自分の考え違いに気づき、図式化もできるようになります。ここだけは書いてもいいでしょう。

② 漢字・計算練習は下学年の練習も

　漢字練習は、学校で使っている漢字ドリルや教科書の巻末を使って、熟語で練習していきましょう。今までの復習を中心に、漢字の読み仮

[3]
夏休みドリルは子どもにとっても取り組みやすいので、最初に仕上げてしまいます。早い子だと2、3日で終わらせます。ただ、その後ずっと遊んでいると、2学期が始まる頃にはすっかり勉強を忘れてしまう心配もあります。そこで私は、8月の登校日に宿題を全部提出させた後、薄い問題集を1冊渡すようにしていました。たくさんの宿題を無事提出した子どもは「なんだ、これだけか」と言っていたので、ちょっとかわいいと思ってしまいました。

名や送り仮名を先に書いて、覚えているか確認しながら書いてみましょう。

　5年生以下の教科書やドリルを持っていたら、この機会に同様の方法で練習してみてください。4・5年の漢字はかなり難しくなっているので [4]、忘れて書けなくなっているものも出てきます。夏休みに一通りやっておくと、2学期から漢字に自信が持てます。

　計算は**6年生の1学期で、整数・小数・分数の四則演算がすべて学習済み**になります。夏休みは全計算を総復習するチャンスです。

　今までの計算ドリルをとってある家庭はあまりないでしょうが、教科書ならあるでしょうか。そこから計算問題の部分だけを取り出して復習してみるのがおすすめです。なかでも、「まとめ」の問題をやるといいでしょう。[5]

[4]
漢字の「読み」は1年間で、「書き」は2年間で習得するというのが目安になっています。したがって学力テストでは、「書き」は前学年の漢字が出題されるのです。今習っている漢字だけでなく、学年をさかのぼって練習することで力がつきます。

[5]
インターネットでも無料の問題がたくさんあります。子どもの様子に合わせて、印刷してやってみましょう。

▶ 教科書のポイントやまとめをていねいに書き写して復習しましょう。

(3) 夏休みの歴史・地理

　歴史は、6年生の1学期で「徳川幕府の成立」から「参勤交代」あたりまで進んでいます。**日本の歴史の半分以上は学習しているので、この機会に自分で年表をつくってみる**といいでしょう。お手本にするのは教科書の巻末や、資料集の年表ですが、それに自分の勉強したことをつけ足すと、すごいまとめになります。[6]

6
　2学期に勉強する江戸から現代までは、出来事も人物も盛りだくさんなので、予習として人物調べや出来事調べをしてみましょう。家庭学習ノートに書き込むと、自分用の参考書にもなります。

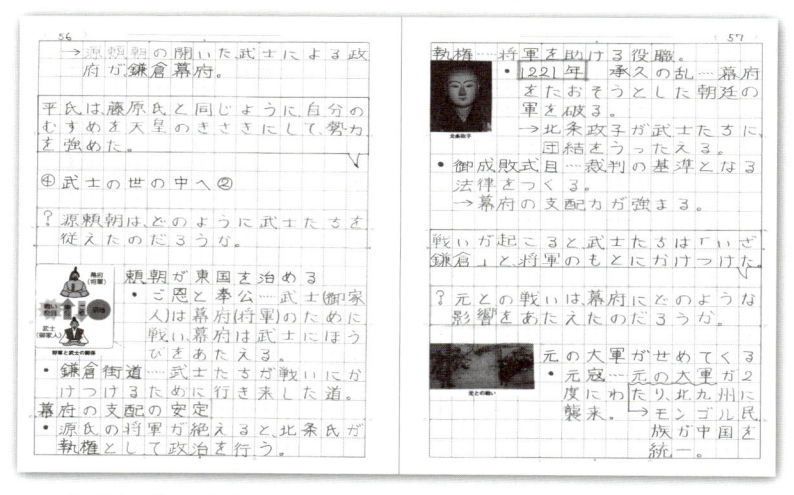

▲ 歴史の流れを復習するのに夏休みはぴったりです。

　5年生の地理は白地図に書き込む勉強が有効です。[7] 地形や産業などを書き込んだり、家族旅行の場所をたどったりといろいろ使えます。日本地図や世界地図を壁に貼って、いつでも見られるようにしておくのもいいですね。そこから発展して調べ学習が始まることも多いものです。

7
白地図はインターネットの無料サイトからダウンロードすることができます。

(4) 夏休みの理科

　5・6年の学習内容は中学に直結すると述べましたが、どこかで総復習しておく必要があります。そういう意味では夏休みはチャンスです。

　まず、1学期に学んだ内容を、①課題や疑問 ②実験・観察 ③結果 ④考察・結論 の4つの観点でまとめるといいでしょう。それが済んだら5年の内容にさかのぼりましょう。

　理科は、基本の復習より夏休みにしかできない実験や観察、体験などが楽しめる教科です。この時期に親子で学ぶことは大切です。これについては後で述べます。

(5) 夏休みの英語

　小学校5・6年生では、英語が教科化されました。

　以前は「外国語活動」として英語に慣れ親しむことを目的にしていましたが、今は「600～700語程度」を読み書きすることも求められています。中学英語の先取りです。小学3年生で4時間程度しか学んでいないローマ字の基礎から、一足飛びに英語へ向かいます。

　英語に関しては、ローマ字を学んだ時点から継続して、アルファベットの大文字・小文字を身につけ、パソコンやタブレットのローマ字入力に慣れさせておく必要がありそうです。

(6) 夏休みの発展学習

　夏休みの発展学習は親にとって頭の痛いものですね。[8] しかし、工夫しだいでこうした宿題も夏休みの**家族行事**に変えていけます。

　以前担任したある家庭では、夏休みの宿題を家族で分担していました。読書が趣味のお母さんは子どもと図書館へ行って本を探し、いろいろな本を読んでいました。子どもの読書感想文はそんな中から生まれます。

　お父さんは理科が好きで、子どもが小さい頃は近くの科学館へ出かけていたそうです。今では夏休みの自由研究は父と子どもの楽しみになっています。

　実家のおじいさんは字が上手なので、お盆に帰省すると習字の宿題を教えてくれますし、恒例の家族旅行は、学習テーマを決めて出かけるそうです。

　さすがにここまでのことは、どの家庭でもできることではないでしょう。しかし、ちょっと見方を変えるだけで、**大人も子どもの宿題で楽しむことができる**ものです。

　例えばキャンプに行ったら、きれいな夜空を眺めて、天体のことが調べられます。

　温泉に入ったら、泉質を調べて水溶液の性質の発展にもなります。

　出かけた町の歴史を知ることもできます。

　旅行で乗った路線を地図で追えば、立派な地

8
工作や感想文などは代行業者もあるくらいですから、いかに悩ましいものかわかります。

理の勉強です。

　楽しみ方はいろいろですし、勉強の場はいくらでも見つかります。

　普段の生活ではどうしても母親と子どものかかわりが強いものですが、夏休みには父親や祖父母など、多くの家族の中から学ぶ機会を増やすことも可能です。

　家族で学びを楽しめるのも小学校のうちです。この時間を大切にしてください。

▲　「上毛かるた」のモデルになった場所や人物を夏休みや休日を使って3年がかりで制覇した例です。家族で出かけた思い出と、実際に絵札の場所に行けるおもしろさが満載です。

レッスン 7 冬休みの目標は現状維持！

◎ 冬休みドリルは年内に終わらせる
◎ 夏休みドリルで復習をする
◎ 問題集や参考書にある各単元の「まとめ」や「ポイント」をすべて書き写す

(1) たった２週間、されど２週間！

　レッスン６までをクリアーして、教科書や学校の教材を使った学習がしっかり身についてきたでしょうか。[9]

　さて、いよいよ冬休みです。

　冬休みは地方によっては長い場合もありますが、一般的には２週間前後が多いでしょう。しかも、クリスマスやお正月といった大きなイベントを控え、実家へ帰省したりすると、子ども達はつい遊んで過ごしてしまいそうです。

　こうした**冬休みの目標は「現状維持」**です。こんなに誘惑の多い休みに、成績ＵＰを狙っても無理です。受験生なら頑張るしかありませんが、そうでなければ、今までの力を落とさないことを目標にしましょう。

(2) 冬休みの宿題を上手に生かそう

　冬休みの宿題は学校によってもかなり差があ

9
最初は、「たったこれだけのことで成績が上がるのか？」と半信半疑だった保護者のみなさんも、お子さんの変化を実感しているはずです。

りますが、高学年だったらこんなところでしょう。

> ＜冬休みの宿題＞
> ・冬休みドリル１冊
> ・自主勉強
> ・漢字練習　・計算練習
> ・卒業文集下書き（６年生）
> ・読書感想画
> ・書初め（１枚提出）

夏休みと違って、自由研究や感想文はありませんが、文集の下書きなどの宿題はよくあります。

ここで大切なのは、**冬休みのドリル**です。ページ数も少ないので、夏休みドリルと同様に、早めに終わらせておきましょう。[10]

夏と同様に、間違えた問題は家庭学習ノートに、正確にやり直しておきましょう。わからない時は正解を見てもいいのです。「そうか！」という発見が大切だからです。

(3) 冬休みにこそ「夏休みドリル」

さて、ここからが「現状維持」の極意です。冬休みドリルは２学期の学習内容でできています。だからこれだけやって安心していると、１学期の復習はできません。そこで、**夏休みの**

10
できれば12月28日までに済ませておくとゆとりができます。
年末年始は家族みんなでゆったり過ごすためにも、冬休みはより計画的に学習に取り組む必要があります。

ドリルを使って復習するといいのです。[11]

　ここまでくれば、問題を写す必要はありません。家庭学習ノートにどんどん答えを書いていきましょう。すでに一度はやってあるはずですから、答えを隠してやるのもいいですし、そこまで気にしなくても、やり直すだけで定着度は増します。

「夏休みドリルは捨てちゃった」という人は、1学期のドリルや教科書で復習しておきましょう。要するに、**2学期だけの復習で満足しない**ということです。

(4)「まとめ」や「ポイント」を活用

　夏休みドリルや冬休みドリルは、よく見ると、**単元ごとに「まとめ」や「ポイント」**と書かれたコーナーがあります。問題集や参考書は、各単元の「まとめ」や「ポイント」をわかりやすく解説しています。

　ふつうはここを飛ばしてしまうか読むだけですが、このコーナーを家庭学習ノートに写しておくと、大変よい復習になります。[12]

　短い冬休みなので、新しいことを次々にやるのではなく、今までやってきたことを身につけるために復習に力を入れましょう。このくり返しこそが家庭学習の極意です。

　以下、教科ごとのノートを見ながら、勉強のポイントを紹介します。

11
学校で購入する夏休みドリルは、冬になるとなくなってしまいます。そこで私は、夏のあいだに冬休み用の夏休みドリルを購入しておきました。薄いドリルを選んでおくと、子どもも「へっちゃら！」と言っていました。

12
ここに注目する方法を知っていると、勉強内容が一層よくわかるようになります。ここを写してから、問題に取り組むクラスもあったほどです。

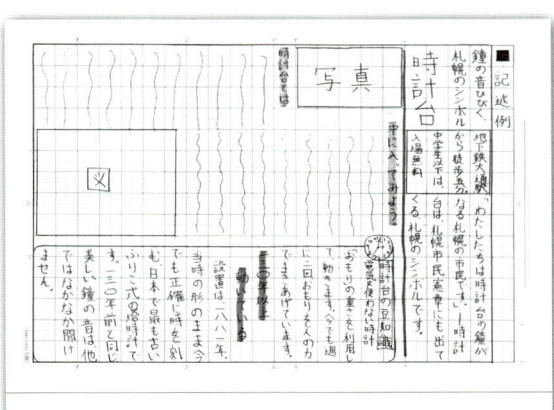

▶【国語】普段はなかなかできない分野を復習するのもいいでしょう。読解のドリルなどもやっておくと力がつきます。

【算数】見やすいノートも大切ですが、1ページにより多くの問題をやることもいいですね。早くページを埋めようという姿勢から、1ページに何をしようという気持ちの切り替えが生まれてきます。▼

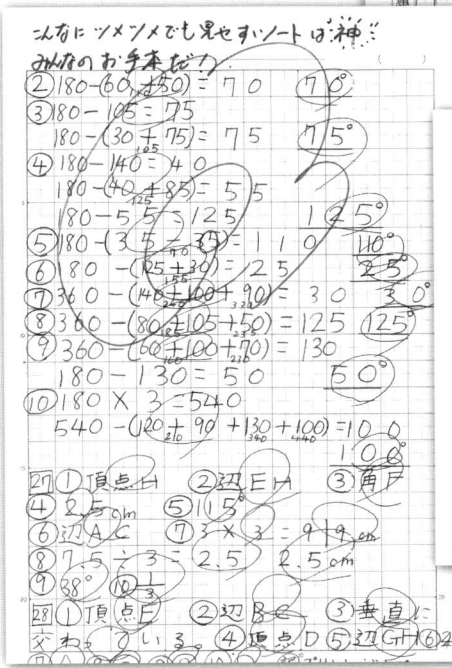

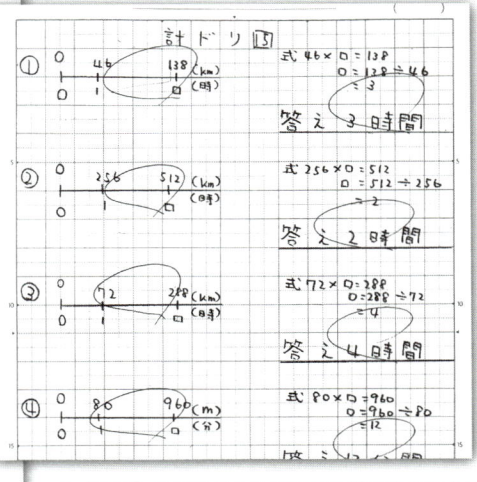

▲【算数】計算ドリルは練習量を増やすのによい教材です。数直線などは文章題を理解するために、必要に応じて使いこなしていきましょう。

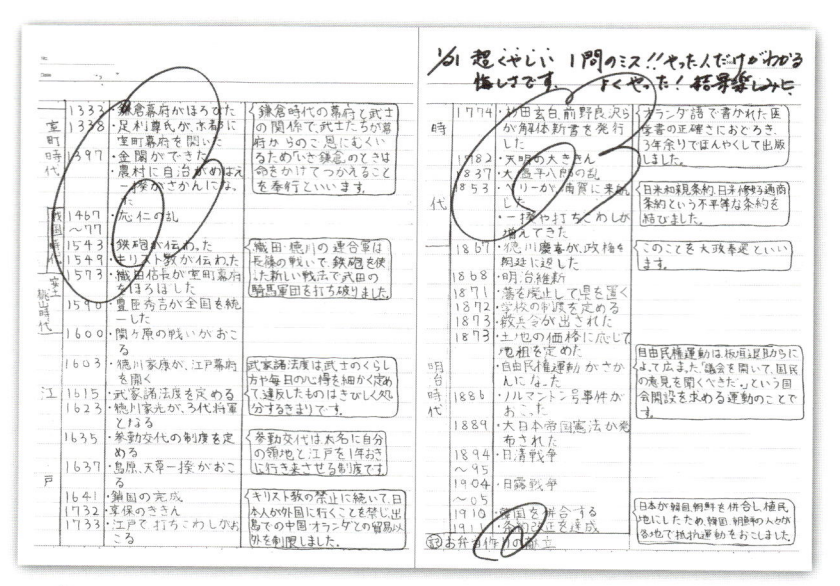

▲ 【社会】歴史の勉強は年表が大切。資料集や教科書の最後に出ている年表を
書き写し、ポイントを取り出してみるなど、工夫があります。

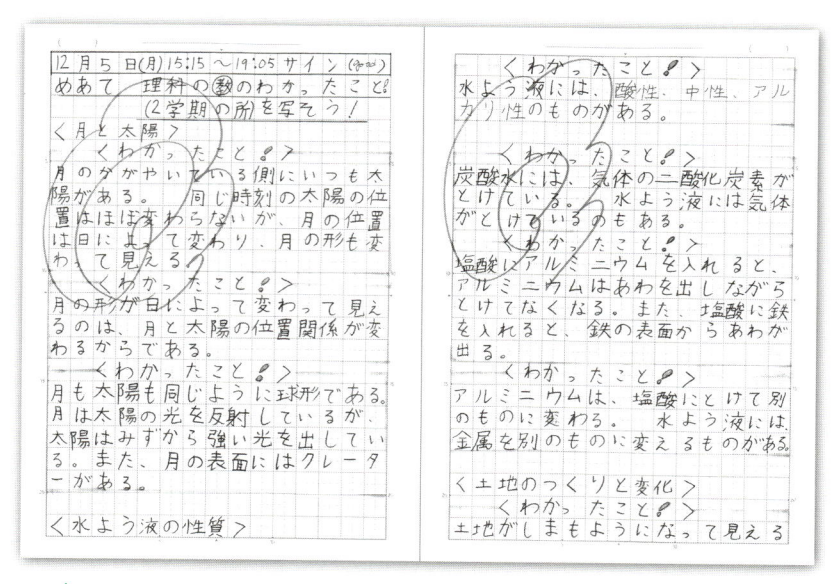

▲ 【理科】「わかったこと」や「まとめ」を全部並べてみると全体が見通せます。
理科だけでなく、算数や国語でも使える技です。

レッスン 8 つぎの学年に向けた総復習！

◎ 「家庭学習記録表」をつけてみる
◎ 毎日の家庭学習の「計画」を立ててみる
◎ 自分の弱点を見つけて、教科書で復習する
◎ キャンパスノートを使ってみる

(1) テスト対策

① 年度末、年初めはテストがいっぱい！

　３学期には、その学年の習得状況を確認するために**学力テスト**を実施する学校があります。この結果で新年度のクラス編成をする場合もあり、かなり重視されるテストです。

　それ以外でも、３学期は学年の総まとめの時期なので、**広い範囲でのテストがくり返され、忘れていることの多さにショックの連続になる時期**でもあります。３学期は、能率的に多くのことが復習できるような勉強を考える必要があります。学年の終わりは範囲が広いので、ちょっとした技を使いましょう。

② 勉強の「記録」から「計画」へ

　３学期になったら、自分の勉強記録をつけてみましょう。こうすることで勉強時間や学

習の傾向がわかり、客観的に学習方法を見直すきっかけになります。

　中学校へ進むと、定期テストの前に担任から**学習計画や学習記録**を書くように言われます。ですから、少々早くても、小学生のこの時期に先の見通しをもって勉強に取り組むことは、ちょっと背伸びした気分になれるのでおすすめです。下の表は、私が担任していたときに使っていた学習記録表です。

今までも、家庭学習ノートの最初と最後に、勉強時間や学習内容は書いていましたが、こうやって書き出してみると、さらに自分のことがわかるようになります。親子で工夫すると、もっと使いやすい記録表ができるでしょう。

　担任は翌週の予定をお便りにして配布します。これを見て**毎日の家庭学習を計画できるようになると、中学へ進む準備は完ぺき**です。小学校でも、３学期は大きなテストが実施されます。それを目指して、計画を立てるのもいい練習になるでしょう。

③ 学年末は今までのテストが大活躍

　３学期に実施されるのは、**「まとめテスト」「実力テスト」「学力テスト」**と、どれも範囲の広いテストです。これは、中学校の定期テストや高校受験などと同様、**いかに全体を復習できるかがポイント**です。

　ふつう１年間で、国語や算数で 20 枚から 25 枚、社会や理科で 15 枚程度のテストをします。これを解答と一緒に残らずファイルしておいたものが、このときに大活躍するのです。

　最初に１・２学期の学期末テストやまとめテスト、国語だったら単元テストの漢字まとめテストを家庭学習ノートにやり直します。テストをやり直すとき、３章でも説明したように、答えの箇所に暗記用の下敷きを置いて、答えを隠

して復習すると手軽にできます。

　この時期になれば、問題を写さなくても大丈夫です。それよりもより多くの問題を解いて、自分の弱点を見つけることが優先です。

　過去のテスト問題を捨ててしまった人は、先生に問題や答えをコピーさせてもらいましょう。[13]

13
「今までのテスト問題で復習したいです」といえば、きっと教師用をコピーしてくれるはずです。「頑張っているな」と褒められるかもしれません。

問題を書く必要はありません。どんどん解いていこう！

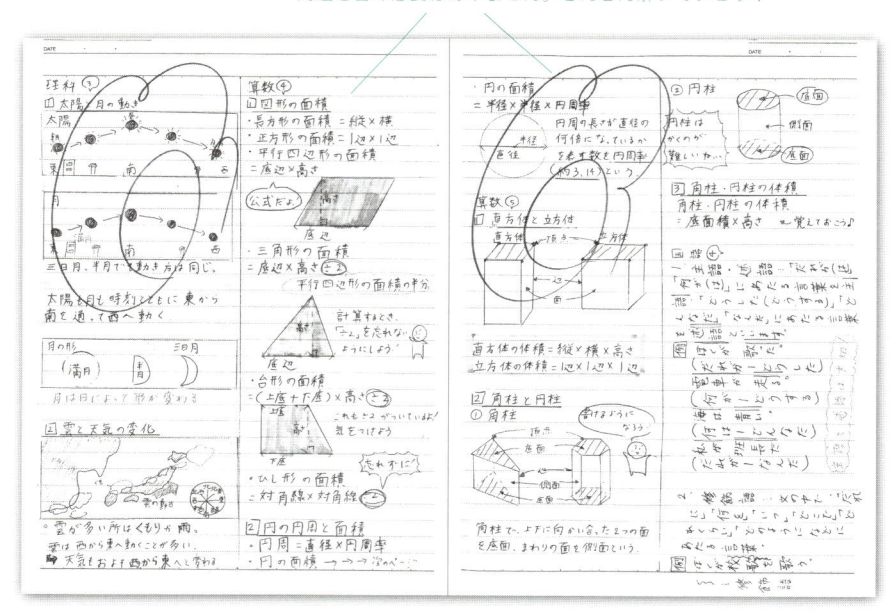

　▲ この時期は1年間の復習です。全体を見通す勉強が必要なので、1ページにどんどん問題をやっていきましょう。テストをやり直して、答えだけ書いていけば、ノート1ページでテスト2枚分くらいできます。

④ 自分の弱点を見つけよう！

　学期末のまとめテストで広く復習すると、「わかってなかったなぁ」という問題が見つかります。そこは単元テストや教科書で復習するといいのです。

　この時期の家庭学習は、**広い範囲から狭い範囲へと的を絞っていくやり方が能率的**です。今まで家庭学習を積み上げてきた子どもなら、無理なく勉強が進むでしょう。

学期末の学習の流れ

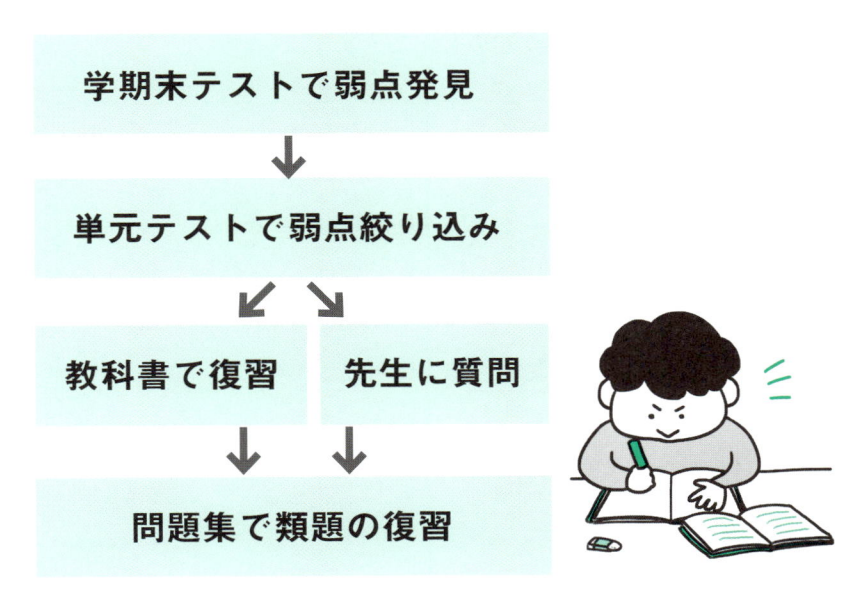

(2) 使うノートは「キャンパスノート」へ

　ノートは中学校に進学すると、キャンパスノートに変わります。そこで、**6年生の3学期からはキャンパスノートで家庭学習をする**といいでしょう。[14]

　中学校のノートに慣れているだけで、新生活のスタートがとても楽になるからです。

　キャンパスノートはマス目に縛られないので、ノート1ページに書ける量が増えます。最初は戸惑いますが、図や表、計算など自分のレイアウトで自由自在に書けるので、子ども達は喜びます。1ページを何分割かして、勉強に合わせて使い分けるという知恵も出てきます。

[14] 学年で取り組むときは3学期からと決めていましたが、子どもによっては、キャンパスノートになってノートの自由度が高まり、さらに意欲的になる傾向も見られました。ノートを変える時期は、子どもの実態に合わせていけばいいでしょう。

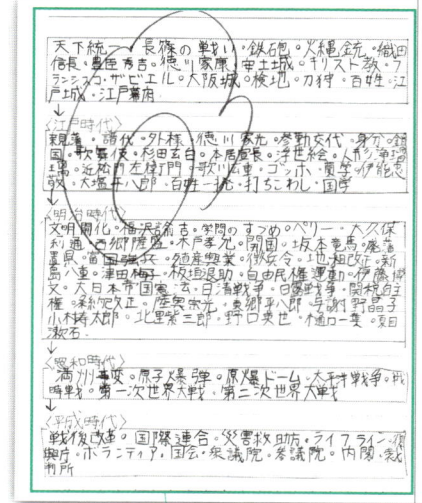

調べ学習やまとめ学習なら、IPをそのまま使って書くといいでしょう

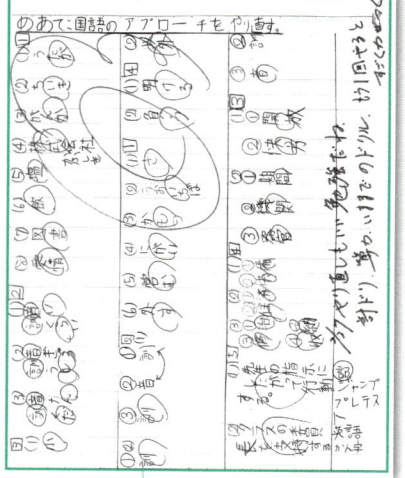

答えだけを書くなら、1ページを3つか4つに区切って書くといいでしょう

３学期になると、まとめのドリルが配られます。下の例はドリルの１回目を家庭学習ノートにやったものです。

　同じように答えだけ書く場合でも、必要に応じてノートの分割を変えています。

　式が必要なときと、〇×で答えれば済むものと、ノートの使い方を変えているのです。

　なお、効率的なキャンパスノートの使い方は、大人のちょっとしたアドバイスも有効です。

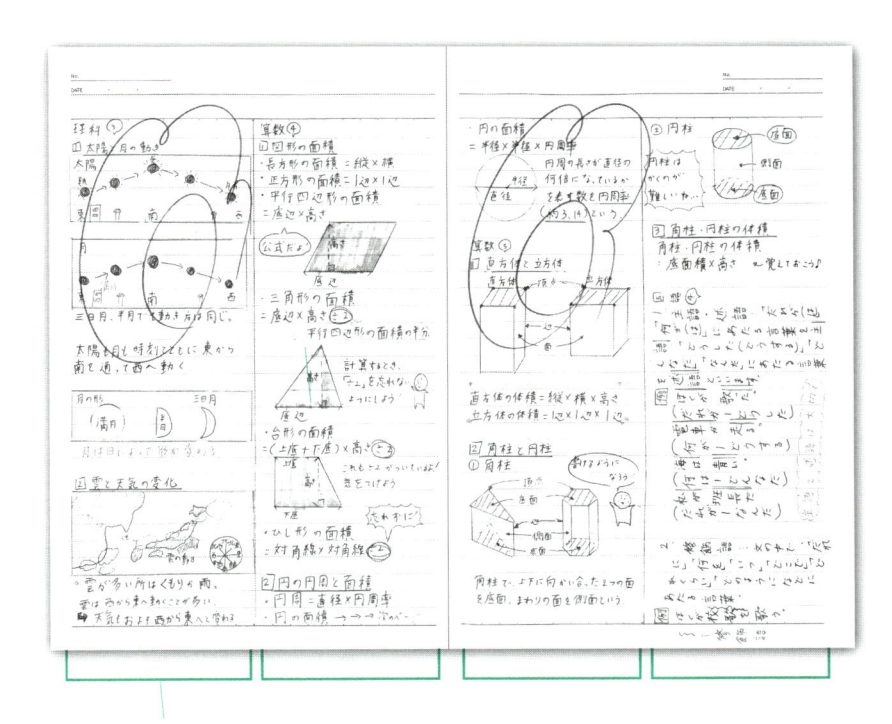

必要に応じてノートの分割を変えながら、柔軟に使いこなしていこう！

(3) 総復習の後は「予習の力」を育む

① 予習は教科書を読むだけでもOK

　この時期に**予習する習慣**をつけておくと、中学へ進んで授業にスムーズに入れます。

　6年生の4月に実施される全国学力学習状況調査では、テストの最後に子ども達に生活や学習の様子を聞いています。その中で**「家で、学校の授業の予習をしていますか。」**という質問があります。この質問に対して、「している」「どちらかといえば、している」と答えた児童は、平成29年度で16.4％と24.7％で、全体の**約4割**でした。中学校では11.3％と20.4％で、小学校より少ない**約3割**という結果です。[15]

　予習は、明日の授業範囲を、教科書で読むだけでもまったく違います。そのひと手間の勉強ぐせを、ぜひ小学生のうちから身につけておきたいところです。[16]

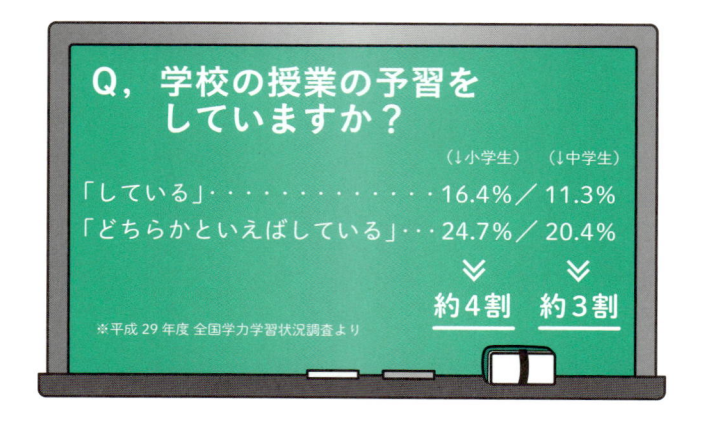

Q，学校の授業の予習をしていますか？

（↓小学生）　（↓中学生）
「している」・・・・・・・・・・・・16.4％／11.3％
「どちらかといえばしている」・・・24.7％／20.4％
　　　　　　　　　　　　　　　約4割　約3割

※平成29年度 全国学力学習状況調査より

3学期になったら、予習のノートは自分で工夫して書けるようになりましょう。
▼ 「写す」から、自分で「ポイントまとめができる」ようになることが目標です。

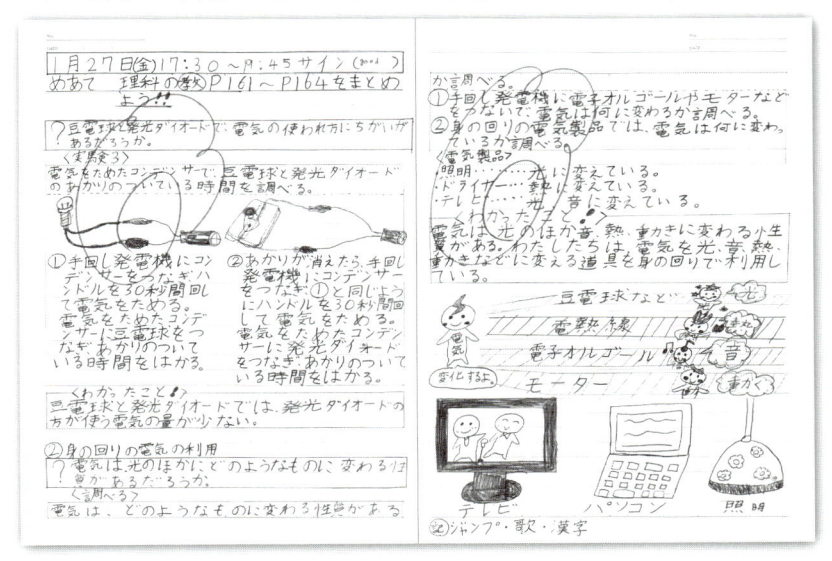

② 時間を区切ってまとめ力を高めよう

　ここまでの家庭学習ノートの基本で、教科書や問題集、テストなどを写す勉強をずっと続けてきました。教科書や教材をつくる会社は、よく研究しているので、見やすくわかりやすいレイアウトをしているものです。これを写していると、知らぬ間に自分のノートが見やすくわかりやすくなる、というわけです。

　また、家庭学習でまとめをしようと思うなら、**時間を区切って取り組むのがおすすめ**です。教科書2ページくらいなら15分と時間を区切ってやってみましょう。教科書に目を通しながらポイントにマーカーを引き、そこを中心に大切なところをノートに書くのです。

短時間で重要なことを見つける力は、学年が上がるにしたがって、ますます必要とされます。**中学へ行けば、板書されなくても先生の話から重要事項を書かなくてはいけません。**ですから、その訓練をするという意味でも、小学校のうちからノートを**短時間でまとめる**ことを意識しましょう。

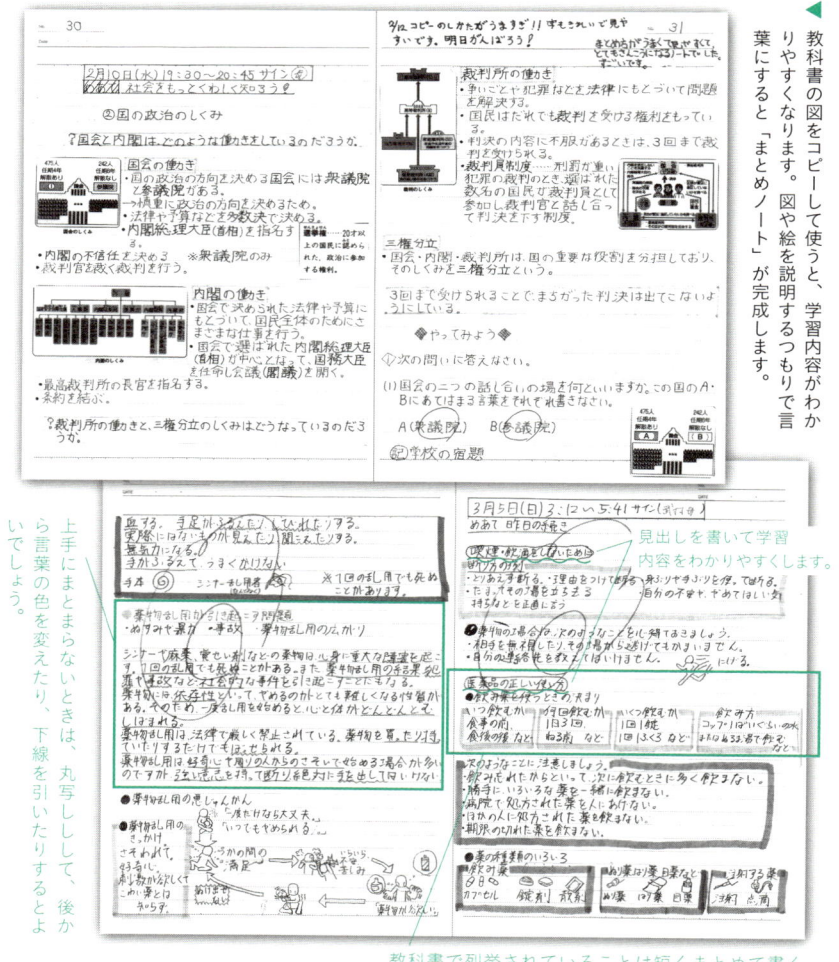

◀ 教科書の図をコピーして使うと、学習内容がわかりやすくなります。図や絵を説明するつもりで言葉にすると「まとめノート」が完成します。

見出しを書いて学習内容をわかりやすくします。

上手にまとまらないときは、丸ししして、後から言葉の色を変えたり、下線を引いたりするとよいでしょう。

教科書で列挙されていることは短くまとめて書く。

レッスン 9 もっと差がつく！春休みの継続学習

◎ 3月や春休みの継続学習・総復習で4月からのスタートに大きな差がつく
◎ 春休みは遊ぶだけで終わらないように注意
◎ ローマ字は完ぺきにしておく

(1) 春休みも復習は欠かさない

5年生は学習内容が多いので3月の最後まで授業がありますが、**6年生は2月後半から復習の時期**になります。[17]

この時期に今までの復習をちゃんとやっておきなさいということなのです。算数だけでなく、すべての教科で一通りふり返っておく必要があります。

レッスン8でも述べたように、4月には新6年生にも、新中学1年生にも、前学年までの内容でテストがあります。ですから、**春休みをずっと遊んで過ごしていると、いいスタートが切れません。**

もちろん受験勉強のように、山ほど勉強する必要はありませんが、今までやってきたような家庭学習をしっかり続けることが大切です。

17
算数の教科書には、「6年間のまとめ」という内容で、3年生からの問題が出てきます。

(2) 春休みの勉強法

① 英語

- 小学校での習得の差が、中学校に反映します。
- アルファベットの大文字・小文字を使い分け、ローマ字表記を身につけましょう。
- パソコンやタブレットでローマ字入力ができるようになりましょう。[18]
- 小学校で習った「600 〜 700 語程度」は読めて、書けて、使えるようにしましょう。

② 国語

- 小学校の漢字を復習しましょう。特に 4 年生から難しくなります。[19]
- 言葉の学習をしましょう。5 年生以下の言葉の学習にも目を通しておくといいです。
- 教科書に本の紹介があるので、読んでみましょう。作文や日記も。

③ 算数

- 四則（加減乗除）は整数、小数、分数のすべてを完ぺきにしましょう。同じ問題を何回もやって間違えないようにします。[20]
- 6 年の教科書の最後に出ている「6 年間のまとめ」をやって苦手を克服しましょう。

[18]
ローマ字表記は訓令式とヘボン式が中心で、学校では訓令式を教えています。「た・ち・つ・て・と」は「ta・ti・tu・te・to」と表記され、タ行は頭に「t」がつき、つぎに「aiueo」がつくという構造で、日本人にはわかりやすいです。
しかし、英語を話す人にとっては、ヘボン式のほうが音を再現しやすいので、「ち」は「chi」と書くことも多いです。
そのため訓令式を完ぺきに覚えたら、ヘボン式の表記にも慣れておくといいでしょう。

[19]
1 年生からの漢字を一度すべて書いてみるのがおすすめです。1 年や 2 年の漢字はどんどん進むので楽勝ですが、徐々に忘れた漢字も出てきます。家に手頃なドリルがなければ、無料でダウンロードできるサイト「ちびむすドリル」や「ぷりんときっず」「小学生の漢字プリント1006」は強い味方です。「小学 6 年分の漢字をたった 7 日で総復習」なんていう魅力的な問題集も出ています。子どもに合うものを探してください。

④ 社会

- 中学は小学5・6年の分野が地理・歴史・公民として出てくるので、都道府県や県庁所在地など5年生の分野も復習しましょう。
- 6年生の分野も復習しましょう。6年生の歴史分野だけでなく、政治のしくみ、日本国憲法、国際理解なども自分でまとめてみましょう。

⑤ 理科

- 5・6年の勉強がポイントです。[21]
- ①課題や疑問 ②実験・観察 ③結果 ④考察・結論 をまとめておきましょう。

(3) ドリルを使って効率よく復習

　学校によっては、学年末に総復習のドリルを購入する場合があります。少々ぶ厚いのですが、このドリルを使って勉強すると、まんべんなく復習することができます。[22]

　1回目は家庭学習ノートに答えを書く形式でやった後、春休みになったら、もう1回ドリルに直接やってみると確実に力がつきます。

　春休みは新しい生活への期待でわくわくします。新学期、よいスタートを切るには、今までの学習をきちんと身につけて自信を持つことです。きっと素晴らしい出会いがあるはずです。

20
ここまでくると、家庭学習ノートを使った勉強はお手のものになるでしょう。漢字と同様に計算問題も無料ダウンロードできるサイトがあります。こうした問題も気分が変わっていいものです。

21
「NHK for school」にはおもしろい番組がたくさんあります。特に「りかまっぷ」を見ると、今まで勉強した理科のつながりがわかります。春休みに楽しんでみるのもおすすめです。

22
学習研究社、くもん、Ｚ会などで総復習のワークが出版されています。書店で直接手に取ってみて、子どもがあまり負担なくやれるものを1冊用意し、3月あたりから始めるといいでしょう。

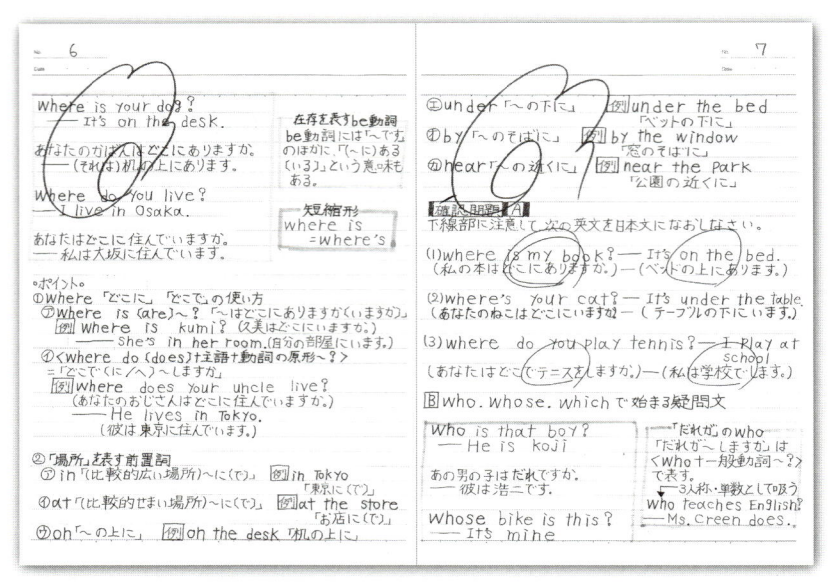

▲ 2020年から本格的に教科化される英語。2018年から小学校では「読めて・書けて・使える」英語に取り組んでいます。英語の勉強も本格的になりそうです。

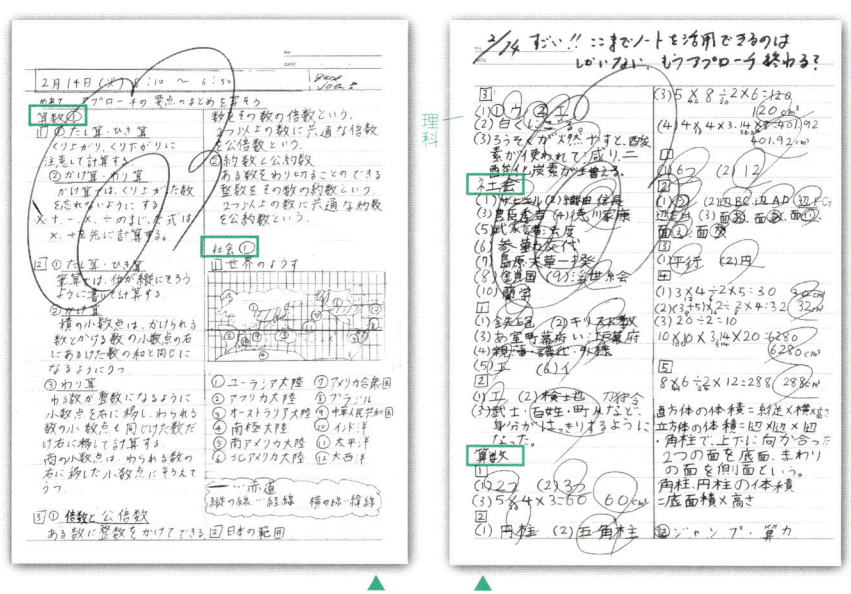

自分の必要性に合わせて、1ページにいろいろな教科をやりこなすのもありです。

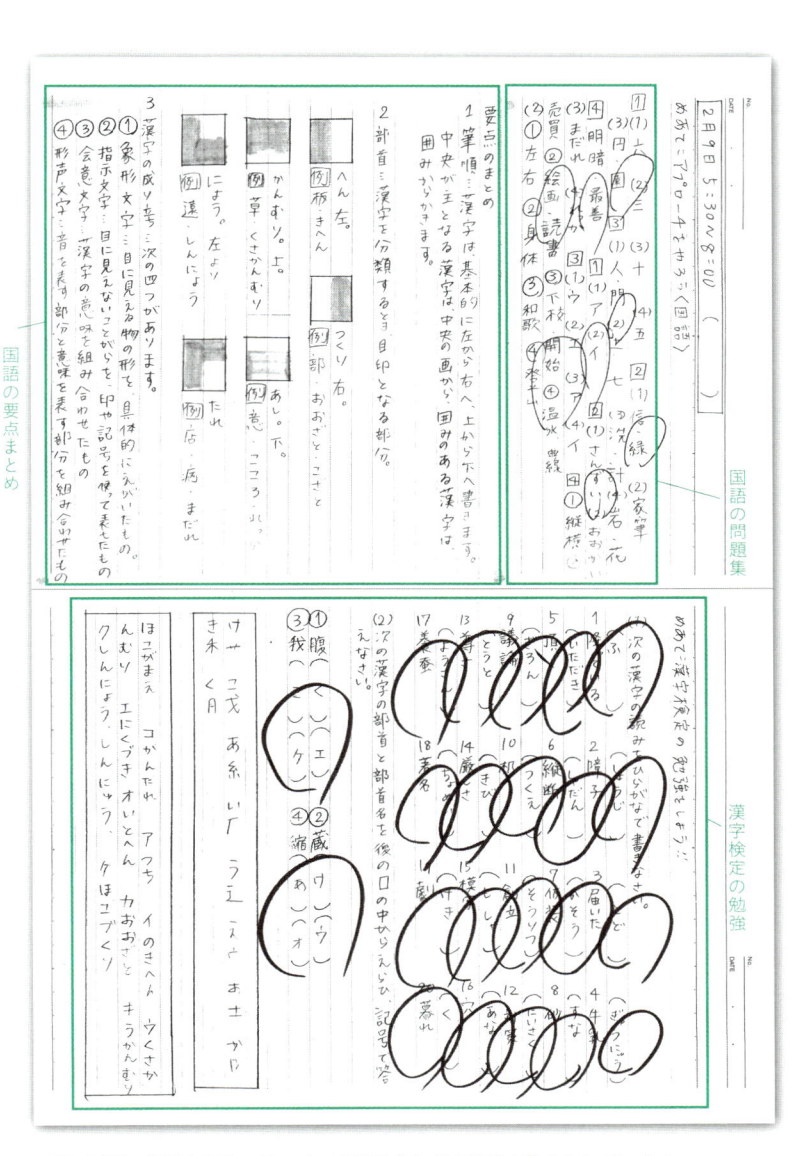

国語の要点まとめ

国語の問題集

漢字検定の勉強

▲ 国語の勉強内容もいろいろ。漢字検定などの勉強も取り入れています。

学校行事でも生かせる家庭学習ノート

◎ 学校行事にも家庭学習ノートを活用しよう
◎ 修学旅行なども「学習のチャンス」に変える
◎ 親子で一緒に学ぶ「家庭学習」を積極的におこなおう

(1) 学校行事でも大活躍！

ここまでは日頃の家庭学習のスタイル、テスト対策、夏休みや冬休みの学習法などを説明してきました。レッスン 10 では、高学年ならではの「学校行事を家庭学習に生かすアイデア」を紹介します。

5・6年生になると、学校行事で担う役割は増えていきます。5年生だったら臨海学校や林間学校、6年生だったら修学旅行・卒業式などの学年主体の行事があるでしょう。運動会、音楽発表会、学習発表会、絵を描く会などの学校行事でも、高学年が中心となって運営する機会が増えます。そんなチャンスに、家庭学習ノートを活用してみるのもおすすめです。

① 運動会

高学年は運動会の中心。団別に分かれて競いあうときは、団長や副団長になって、大いにチー

ムを盛り上げることでしょう。そんなとき、**応援歌やエールを考えたり、覚えたりするのに、家庭学習ノートを使う**といいのです。

　表現（踊り）の振りや、歌なども書いて覚える子どもがいました。鼓笛で演奏する曲の階名を書いてきた子どももいます。[23]

②　音楽発表会・学習発表会

　小学校には音楽発表会や学習発表会など、文化的な行事もたくさんあります。そこで、歌う曲の歌詞を書いて覚えたり、歌のポイントを書き込んだりと、家庭学習ノートを活用することができます。学習発表会で詩の朗読や群読をするなら、**全文をていねいに書いて覚える**こともできます。

③　絵を描く会

　学校で秋におこなわれる「絵を描く会」。ここでは絵のポイントを言葉で書いたり、実際に簡単な**デッサン**をしてみたりと、工夫して家庭学習に生かしている子どもがいました。家庭学習ノートには、いろいろな可能性があるのだと私自身も教えられました。

④　６年生なら卒業式

　学校によって卒業式の形式はいろいろです。

小学校で多いのは卒業生と在校生の呼びかけと歌でしょう。

　卒業生が自分たちで呼びかけを考えるなら、家庭学習ノートにいろいろな案を書いて考えることができます。決定した呼びかけを覚えるときも活用できます。

　歌う曲の歌詞を書くのも発見があります。**「君が代」の歌詞**を書いて「さざれ石」とか「巌」とか、普段使われない言葉の意味を調べてもいいでしょう。

　ここまで「単元テストで点数のとれる子ども」を育てるとお伝えしてきました。もっとも、当然それだけでは子どもは育ちません。

　学校の中の子ども達を見ていると、1つひとつの行事を経て、心がぐんと成長するのを感じます。親もこうした機会を生かして、子どもの後押しをしていけるとよいと思います。

　運動会やマラソン大会などに向けて、毎日家に帰ってから走り込むのも立派な家庭学習です。これは家庭学習ノートには表れませんが、子どもの体と心に刻まれます。

▲ 人物の描き方を教わったら、家で練習した子もいました。

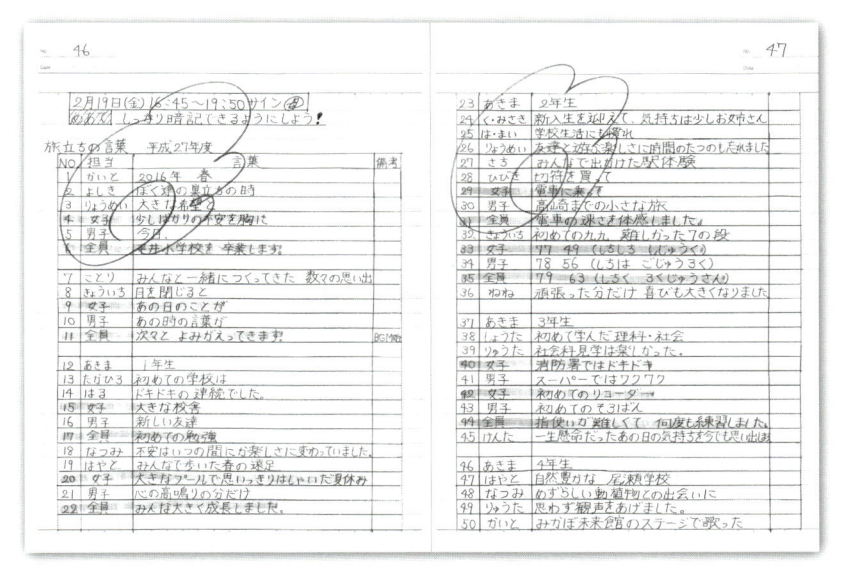

▲ 卒業式の「別れの言葉」を書いて覚えた子も。

(2) 高原学校・臨海学校・修学旅行

　高学年には宿泊を伴う行事が必ずあります。子ども達も楽しみにしているでしょう。でも、この行事を**単なる観光旅行にするか、「学習のチャンス」とするかは、取り組み方しだい**です。ここでは、6年生の修学旅行を例に学習ノートの使い方を考えてみましょう。

　小学校の修学旅行は居住地からあまり遠くない場所で、**1日は「社会見学」や「歴史学習」「平和学習」**を目的にした場所、**2日目は友達同士で楽しんで行動できるような娯楽施設**を選ぶ傾向があります。関東では箱根、日光、鎌倉などが選ばれることが多いようです。ここでは、鎌倉を例に家庭学習の取り組み方を考えてみます。

　6年は社会科で、6月くらいには鎌倉時代を勉強します。そこで、鎌倉について、いくつか項目を決めて調べ学習をしておくと、修学旅行本番でもより一層楽しめるはずです。

　ネットで調べたり、図書館で関係する本を調べたり、休みの日に親子で旅行がてら修学旅行先に出かけてみたりするのも、思い出に残る家庭学習になります。[24]

24
「事前に現地に行っていいんでしょうか？」と、保護者から聞かれることもあります。しかし、修学旅行の目的地は、一度行ったくらいですべてがわかるわけではありませんし、経験があると当日は友達の案内役にもなれて、むしろ楽しくなるでしょう。

調べることの主な例

- **寺・神社**： 鶴岡八幡宮、高徳院、宇賀福神社、
  鎌倉五山（建長寺・円覚寺・寿福寺・浄智寺・浄妙寺）など
- **人 物**： 源頼朝、北条政子、源義経、静御前、源実朝、北条氏など
- **地形・交通**： 切通し、江ノ電など
- **名産・名物**： 鎌倉彫、鳩サブレー、シラス漁など

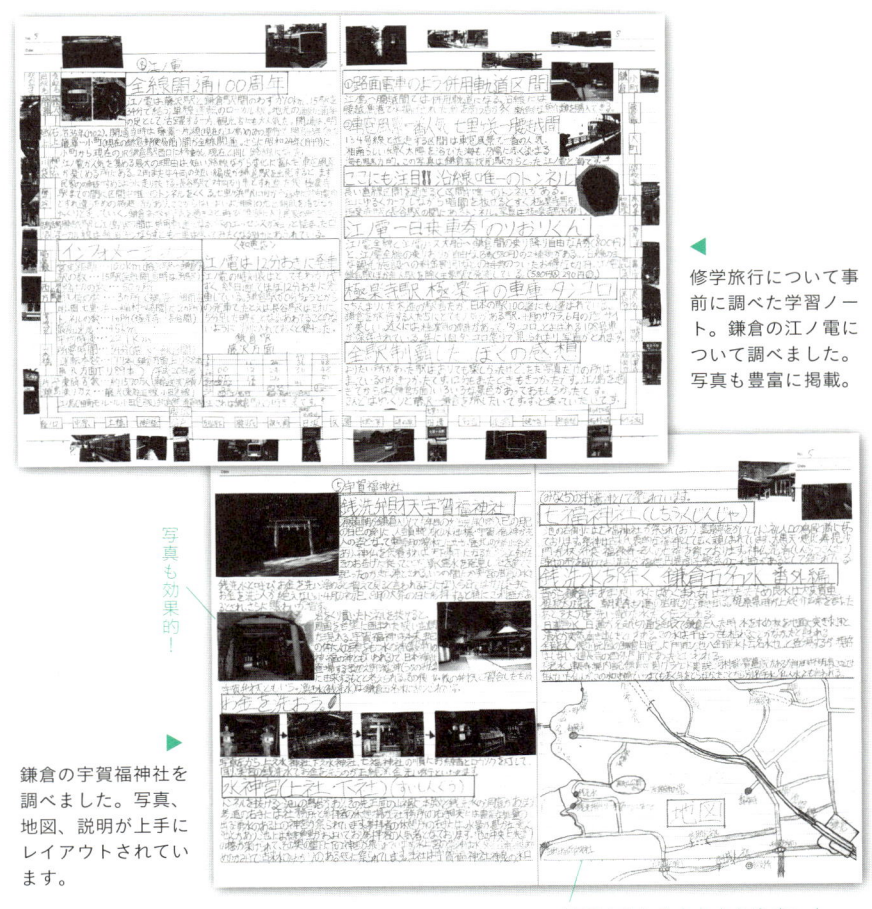

◀ 修学旅行について事前に調べた学習ノート。鎌倉の江ノ電について調べました。写真も豊富に掲載。

写真も効果的！

▶ 鎌倉の宇賀福神社を調べました。写真、地図、説明が上手にレイアウトされています。

地図を入れるとわかりやすい！

第 5 章

子どもの
やる気と成長は
親しだい！

1. 親子でもっと楽しむ 家庭学習！

◎ 勉強の「楽しさ」を追求しよう
◎「やった！できた！」と思える機会をつくる
◎ WEBサイトや動画を積極的に活用する
◎ 科学館や博物館、美術館を見学しよう

　前章までは家庭学習ノートをどうやって活用したらいいか、具体的に説明してきました。

　最後の第5章では、子どもがいかにやる気になって前向きに勉強するようになるか、親はどのように子どもに対して働きかけたらいいのか、そういったことのヒントをお伝えしたいと思います。

(1) 楽しくなければやる気も起きない

　どんなに親がほめたり励ましたりしても、子どもにとって勉強は、やっぱり大変だったり、面倒だったりするところがあるものです。

　何かきっかけをつかみ、自分から進んで勉強に取り組めるようになるまでは、家庭学習にも**楽しさ**を見つけていかなくてはいけません。

　以前担任していたクラスで、子ども達に「勉強していて"楽しい"と感じるのはどんなとき？」と聞いたことがあります。そのときの主

な回答は、下記の通りでした。

Q，勉強が楽しいときって どんなとき？

◎ 「勉強がわかったとき・できたとき」
「先生の授業がおもしろいとき」
「発言にみんなが賛成してくれたとき」
「見学に行ったとき」
「テストの点がよかったとき」

　なかでも「勉強がわかったとき、できたとき」が楽しいと感じている子が圧倒的に多いのがわかります。

　自分の体験をふり返ってみても、初めて自転車に乗れたとき、初めて逆上がりができたとき、数学の難問が解けたときなどの「できたっ！」という喜びを鮮やかに覚えている人は少なくないでしょう。

　子どもの家庭学習でも、そうした**「わかった！できた！」という楽しさ**を、少しでもつくり出していけるように、知恵を絞っていくことがポイントなのです。

(2)「わかった！できた！」のつくり方

　学校は、ある程度のスピードで勉強を進めて

いくので、1人ひとり（全員）が確実にできるまでくり返し説明している時間がありません。そこで家庭学習が大切になるわけです。

かつて、3年生でわり算の筆算を勉強したとき、九九と繰り下がりのひき算が身についておらず苦戦していた子がいました。そこで、ご家庭の方にも協力していただいて、毎日九九と繰り下がりの計算を練習するようにしました。[1]

子どもがつまずくときは、必ずどこかに原因があります。まずは原因を特定し、それがわかったら一緒に取り除いてあげましょう。

この子のお母さんは、「3年生にもなって、何で1年生や2年生の勉強ができないの！」などと叱るのではなく、問題を出し、一緒に答え合わせをして、根気よく向き合ってくれました。問題も一度にたくさん出すと嫌がるので、2〜3問ずつやって、少しずつ数を増やしていきました。[2] そのうち子どもも「できた！」が増えて、「もっと問題出して」と言うようになったと聞きました。

結局3年生の終わりには、すっかりわり算が得意になったのです。

ちなみに、**子どもが「できた！」と一番実感できる教科は算数**ですが、高学年になると内容が難しくなります。単位量当たりの大きさ、倍数と約数、比例など中学校の勉強につながる内容になって、なかなか親が教えるのは困難で

[1]
この2つができると、わり算の筆算は簡単です。

[2]
計算練習はドリルや問題集をやるときはノートがいいのですが、少しの問題を何回もやり直すなら、A5程度の紙に問題を書いて取り組むといいでしょう。子どもは次々に問題をやっていくのが好きなのです。1cmマス程度のプリントをつくっておくと、子どもも計算の位がそろって正確にできるようになります。
また、「マス目用紙」と検索すれば、各種用紙がダウンロードできます。

す。

　そこで、算数が苦手な子なら計算問題に絞って取り組むといいでしょう。**整数、小数、分数の加減乗除を確実に身につけておけば、かなり力を発揮できるようになります。**

　例えば「円の面積」を勉強したときも、子どもが一番間違えるのは小数のかけ算です。文章題がわかっても、計算が間違えていれば結果は×になってしまいます。

　そこで毎日5題くらいの問題を、全問正解するまでくり返します。**間違えたら、再度同じ5題をやり直す**のです。[3]

　こうやってくり返しやらせて全問正解すると、思わず「**やったー！**」と言いたくなります。こんな場面を上手につくるようにしていくと、家庭学習は楽しくなるのです。

(3) 楽しく学ぶ秘訣1
〜テレビ・パソコン・タブレット編〜

　本書は「家庭学習ノートを使って、子どもの学力を高めよう」という趣旨なので、授業に直結した勉強方法を解説しています。しかし、世の中には「子ども達に楽しく学ばせよう」と考えている人はたくさんいるので、実におもしろい番組や役に立つサイトがあるのです。

　今の時代、自分で調べたいと思うキーワードを入力すると、たくさんの情報が出てきます。親がしっかり取捨選択する必要がありますが、

[3]
学校では新しい計算方法を勉強した後、TV番組の「帰れま10」ならぬ「帰れま4」という練習方法を使っていました。放課後4問計算問題を出します。全問正解すると帰れますが、1問でも間違えると、もう1回4問すべてやり直すのです。全問正解するまで計算は続きます。この方法は家庭でも楽しめるかもしれません。

かなり有効な勉強方法が提示されています。学習プリントもダウンロードできるようになっているので、使ってみてもいいですね。

　もちろん純粋に見て楽しむのもいいと思います。ここではぜひ日々の学習で活用したいおすすめのものを紹介します。

① NHK E テレ

■ 「NHK for School」[4]

　E テレは学校放送が充実しているので、以前は教室で見ることもありました。最近は番組に授業を合わせることが難しくなり、パソコンやタブレットで、「NHK for school」の中から選んで見たりしています。

　このサイトは各教科コンテンツが充実しているので、家庭でも楽しめます。特に**理科**や**社会科**は 10 分程度でポイントを伝えてくれておもしろいです。学校の理科の授業ではとてもできないような大掛かりな実験に挑む**「大科学実験」**[5]はスケールが大きくてワクワクします。

　とりわけよくできていると感じるのは**「りかまっぷ」**[6]です。小学校で学ぶ理科の内容が系統的に出てきて、学年をさかのぼって動画を見たり、つながりを再発見したりできるのです。

　社会科でも、**「歴史にドキリ」**[7]で中村獅童さんが歴史上の人物に扮し、踊ったり歌ったりとミュージカル仕立てでわかりやすく教えてくれ

4
NHK for School

5
大実験科学（NHK for School）

6
りかまっぷ（NHK for School）

7
歴史にドキリ（NHK for School）

ます。

「NHK for school」では、番組を選んで視聴するほかにも、クイズに挑戦したり、いろいろな楽しみ方があります。どの番組も 10 分以下なので、気軽に見ることができて、学校とは違った知識を得ることができます。[8]

■ 「ねこねこ日本史」[9] 毎週水曜 18:45

歴史上の人物が猫だったらという自由な発想で、日本史がゆるく展開しています。

新作も放映中ですが、過去の番組はインターネットでも楽しめます。

■ 「びじゅチューン！」[10] 毎週水曜 19:50

世界の「びじゅつ」を井上涼さんがアニメーションと歌で紹介する番組です。以前クラスの子どもに紹介したら大受けでした。社会科で出てくる美術品が多数紹介されているので、歴史学習の文化面で大いに参考になりました。

その当時、クラスで大人気だったのは、絵巻「鳥獣戯画」をもとにした「鳥獣戯画ジム」という歌です。これは傑作です。

■ 「香川照之の昆虫すごいぜ！」[11] 不定期放送

これは私がもっとも楽しみにしている番組です。俳優の香川照之さんがカマキリの着ぐるみを身につけて、長年の昆虫愛を熱くぶつける番組です。今まで「トノサマバッタ」「モンシロチョウ」「オニヤンマ」「クマバチ」の４種が取り上

[8]
個人的には、「おはなしのくにクラシック」で狂言「柿山伏」を見たとき、現職のときに知っていたら、本物の狂言と合わせて子どもに見せたかったと思いました。
水曜日 19：50『びじゅチューン』がお休みのときに、番組紹介のコーナーがあります。これを見て新たに番組を知ることも多いのです。
先日は「プログラミング」の楽しい番組を見つけました。お宝はたくさん眠っているようです。

[9]
ねこねこ日本史

[10]
びじゅチューン！

[11]
香川照之の昆虫すごいぜ！

げられ、特別編も 2 作あります。高学年では理科で昆虫を取り上げる単元はありませんが、香川さんの超昆虫マニアぶりがまぶしいです。

② 教科書の出版社のサイト

大日本図書や東京書籍などは算数のイメージ動画集を持っていて、面積の公式や線対称、点対称など、アニメーションで説明しています。探すとたくさんの WEB サイトがあって、自分に合ったものを見つける楽しみもあります。

■ **東京書籍** （新編新しい算数デジタルコンテンツ）[12]
教科書の導入部分を、アニメーションでわかりやすく解説しています。自分で動かしていけるところが魅力です。
また「東書 KIDS」[13] で調べると、こちらも豊富に出てきます。教科書にリンクしていて使いやすいのも特長です。保護者向けに注意事項も出ていて、家庭で使うことを想定しています。

■ **大日本図書** （デジタルデータバンク）[14]
理科・算数を中心に教科書に準拠したイメージ動画や、計算練習の補助教材も出ています。数は少ないですが、よくできています。

■ **日本文教出版** [15]
教科別の評価テスト例が出ているので、単元の仕上げに活用するとテスト対策に有効です。

12
新編新しい算数デジタルコンテンツ（東京書籍）

13
東書 KIDS（東京書籍）

14
デジタルデータバンク（大日本図書）

15
日本文教出版

■ **教育出版** [16] （小学校算数「児童向け学習資料」）

子ども向けのドリルが無料でダウンロードできるます。「３ステップドリル」「花まるワーク」のいずれも解答つきのため、保護者が答え合わせをすることもできます。

「作図用ワークシート」「思考力育成ワークシート」等も利用すると、学習の幅を広げることができるでしょう。

16
教育出版

③ 漢字・計算・各教科のプリント

パソコンやタブレットで、「漢字プリント」とか「計算プリント」などと打ち込むと、たくさんの問題にヒットします。プリントアウトしなくても、ドリルのようにそのままノートに練習することもできます。

■ **ちびむすドリル** [17]

検索すると上位に出てくるのがこの WEB サイトです。ここは、漢字・計算だけでなく、国語・算数・社会・理科・英語のプリントが無料でダウンロードできるだけでなく、関連サイトにリンクすることもできるので、大変使い勝手がいいサイトです。就学前から、中学受験まで対応しています。

17
ちびむすドリル

■ **小学生のための無料プリント** [18]（NAVERまとめ）

教育委員会や教育センターなどの、公的な機関で作成されたプリントやドリルをまとめた

18
小学生のための無料
プリント（NAVER
まとめ）

WEB サイトです。全国学力学習状況調査の問題を参考にして作成しています。やや硬い感じを受けます。

■ ぷりんときっず [19]

小学校中学年までを中心に、国語算数のプリントが無料でダウンロードできます。

■ ドリル・出木杉君 [20]

算数プリントが充実しています。漢字や英語、社会の地理関連がいいのではないかと思います。

このほかにも多数のWEBサイトがあります。ドリルを1冊買っても終わらないというお母さん。こうした無料サイトを活用するといいのではないでしょうか。できないところは何回でも印刷してやれるところもメリットです。

④ <u>授業の動画いろいろ</u>

例えばパソコンで「6年算数対称な図形」と打ち込んでください。たくさんのWEBサイトが出てきます。中には授業を見せてくれるサイトもあります。学校で勉強した後に復習として見るといいのではないでしょうか。[21]

■ 教育ユーチューバーの葉一さん

小学校から高校まで幅広いの授業動画が見られます。話し方も落ち着いていて聞きやすく、

19
ぷりんときっず

20
ドリル・出来杉君

21
先日、カタカナで「レキシ」と打ち込んだら、とてもおもしろいミュージックビデオが出てきました。歴史をテーマにした音楽で、若者に人気のミュージシャンだそうです。ぜひ探してみてください。

板書も見やすいです。最初から授業の流れがすべて書かれているので、実際に教室で授業するのとは流れが違いますが、復習に使うと大変効果的です。

　現在は『19ch.tv（塾チャンネル）』[22] が公式サイトになっています。板書の問題が無料プリントになっているのも素晴らしいです。

■ スクールＴＶ [23]

　教科書に対応した授業を動画で公開しています。講師は現役大学生なので、授業はぎこちないですが、授業の予習復習によいのではと思います。

　2020年現在、教育界は大きく変わり、全国の学校や教育委員会が教材用の動画を積極的に公開しています。長引く休校で、家庭学習の重要性が再認識されたためです。子ども達が一人１台パソコンを使えるような環境はまだ整っていませんが、教育界がIT化に歩を進めたことは事実です。

　塾や教育関係の企業、また個人でも、様々な工夫を重ね、豊富なコンテンツを公開しています。

　こうした動画は、自分のペースで停止したり、くり返したりして見ることもでき、個々の学習スタイルに合わせて活用できます。塾に行かなくても、家庭教師を呼ばなくても、「学ぼう」と思ったら、今は様々な手段があります。[24]

22
19ch.tv（塾チャンネル）

23
スクールTV

24
今まで対面で学習するのがふつうだった学校現場が変わってきました。授業の動画撮影に苦労したり、挑戦したり……。でも、直接子どもの顔が見られるのが一番だと現場の先生たちは言っています。

(4) 楽しく学ぶ秘訣2
～科学館・博物館・美術館編～

きっとあなたの身近な場所にも博物館・科学館・美術館といった施設あるでしょう。その数は、主だったものだけでも1500館以上あり、さらに小さな施設や、個人の記念館までふくめればその数は相当なものです。しかも国立・県立等の場合、常設展示では中学生以下はほとんどが無料です。

科学館と名がつくところは、幼い子どもでも楽しめる体験や不思議がいっぱいで、プラネタリウムなども天体のおもしろさに触れるよい施設です。

前に紹介した通り、子ども達は「楽しい勉強」として「見学に行く」を挙げていましたが、「見学」に適した施設はたくさんあります。しかも比較的空いています。もちろん、特別展や目玉の展示や体験があるときは、かなり混みますし、料金も高くなりますが、それでも人気のテーマパークの比ではありません。[25]

週末や長期休業の1日に、こうした施設を見学するのも、親子で学びを楽しむチャンスです。

外の世界とつながって、楽しく学ぶのは、子どもだけでなく大人にとっても「教養」を深めることにもつながります。最近はバーチャルな世界を提供する施設も多くなりました。気軽に下調べができますね。[26]

[25] 夏休み等の長期休暇や勉強の内容に対応して、こうした施設は子ども達の興味が湧くような展示をしています。夏休みの宿題に役立ちそうな体験を取り入れていることもあります。

[26] ただ、こうした施設に行ったからといって、すぐ子どもの勉強に結びつくかというと、そういうわけではありません。やはり実生活でのふり返りが大切になります。

(5) 楽しく学ぶ秘訣３
〜「うんこ漢字ドリル」を超える〜

「うんこ漢字ドリル」のように爆発的に売れたドリルはそんなにありません。かつての「百マス計算」をしのぐ盛り上がりでした。

何といっても例文がおもしろいですよね。[27]

反復ばかりでおもしろみがないと思われている漢字練習に、こんな「爆笑ネタ」をぶっ込んできたおかげで、漢字練習は爆笑しながらできるようになりました。まさに小学生の救世主です。

ただ実は、最強と思える「うんこ漢字ドリル」にも弱点はあります。それは、例文で使う漢字があらかじめわかっているという点です。つまり**考えなくても熟語が書けてしまう**という点です。

同じ音でも、様々な意味の違う熟語があります。こうした点に考慮して、「うんこ漢字ドリル」以上の例文をつくったら、勉強がもっと楽しくなるでしょう。

例えば自分の学年の漢字を勉強するときに、熟語の意味を調べて**自分で爆笑の例文をつくってみる**のです。クラスで「○年○組漢字ドリル」とか、家で「○○家漢字ドリル」とかの表題をつけて、例文に友だちや家族が登場したら、世界にひとつだけのドリルがつくれます。

家庭学習もアイデアひとつで、いくらでも勉強を楽しいものにできるのです。

27
現在、漢字ドリルは大いに進化しています。「徹底反復」「唱えて覚える」「見て覚える」などアプローチも豊富です。また「しくじり動物漢字ドリル」や「キラキラ☆おうちスタディドリル」など例文で引きつけるものや、「リラックマ」や「すみっコぐらし」などキャラクター物まであります。

2. 親子を結ぶ「対話ノート」

(1) お金をかけずに「目」をかけよう

　子どもにとって、親の愛情ほどうれしいものはありません。たとえ忙しくても、気にかけて、声をかけてあげることで、子どもはやる気になるものです。

　低学年のころは、子どもの宿題によく目を通し、勉強につき合っていた親も、学年が上がるにしたがって、「もう自分でできるでしょう。〇年生なんだから」と言って、子どもの勉強にかかわらなくなることが多くなります。

　そのくせ成績が思わしくないと、すぐに新しい問題集や塾を考えてしまいがちです。でもその前に、わが子のペースに合わせた家庭学習に取り組むことで、問題の多くは解決するものです。
　私はこれを「お金をかけずに "目" をかけよう」と言ってきました。

　家庭学習ノートは、自分でやることを考えて勉強するノートです。毎日の積み重ねで、自分にとって必要な勉強に気づいたり、方法を工夫する力が身につき、中学・高校に入ってからも

威力を発揮します。

　このときに一番大切なことは、**親が子どもの勉強の様子をしっかりと見守ること**です。つかず離れず、子どもの頑張りにエールを送ることです。

　子どもは「見られる」ことで、字の書き方やノートのつくり方が驚くほど変わっていきます。また、自分の勉強をほめられるとやる気も高まります。ですから毎日、子どもがやった家庭学習に目を通し、ひと言コメントすることを続けてください。すると、子どもが今何を勉強しているのか、どこでつまずいているのか、子どもの様子がわかるようになります。

　親に見守られている安心感と親の期待によって、子どものやる気は格段にアップします。高学年になると顔には出しませんが、内心は大いに喜んでいるのです。

(2) 実感のこもったひと言が心を動かす

　私は現役時代、授業中の子どもの冴えたひと言に「すごいなぁ。よく考えたね！」というように、感じたことを**実感のこもった言葉**で伝えるようにしていました。

　図工の時間、子どもの描いている絵を見て「みんな、見て！見て！○○ちゃんの絵！いいよねぇ！」と言ったり、いつもは乱暴な子の漢字ノートがある日大変身したときは「ええっ！誰のノートかわからなかった！うまい！」とあえてみんなの前で叫んでいました。

　すると、私の声につられて集まった子ども達も「ほんとだ！すごいなあ！やるじゃん！」とほめるようになります。

　こうした**実感のこもった賞賛は、どんな言葉より子どもにとってうれしいもの**なのです。

家庭学習ノートを続けるポイントも同じです。**やらせっぱなしにしないこと**、そして**必ず子どもに言葉を返していくこと**が大切です。

　特に時間がないときは、必ずプラスの言葉かけるように意識します。
「スゴイ！字がていねいになったね」「こんなに難しいことやってるんだ。さすが6年は違うね」「今度テストなの？頑張ってね」など、子どもの気持ちが上向く言葉がいいでしょう。

　もちろん大きくなると照れくさいので、素直に「うれしい」「ありがとう」なんて言いません。それでもこうした親のかかわりは、子どもにとって「見守られているな」という**安心感**を生み出します。親への**信頼感**も増していきます。

　ところが親は、つい子どものできないところにばかり目が向いてしまい、マイナスな言葉かけをしてしまうことがあります。ぱっと出したひと言が否定的だと、子どもの心に刺さってしまうからです。
　例えば、**「なんで、こんな問題を間違うの！」「まったく字が汚いんだから！」「これしかしてないの？」**などと、ついつい言ってしまっていないでしょうか。
　どうしても子どもへの期待が大きいので、できないことに目が行ってしまうことはある程度仕方のないことです。
　でも、だからこそ、子どもの長所や変化を見逃さないためにも、家庭学習ノートで、子どもの学習の取り組みを見守り続けるべきなのです。

　毎日欠かさず、目を通していくと、親の期待に応えよう

とする子どもの姿が見えてきます。**そのちょっとした変化を見逃さず、すかさず「いいね！」と言ってあげてください。**実感のこもった言葉は子どもを確実に動かすはずです。

(3) たったの一筆でやる気は出てくる

　私は学習ノートに毎日コメントを書くことが日課でした。言葉の力で、子どもの背中が押せたらいいなと思っていたのです。

　忙しいときはハンコを押すだけだったり「very good」と書いたりするだけになることもあり、その都度「ごめんね。明日は必ずコメント書くよ」と、謝りました。

　子ども達は担任のひと言を毎日とても楽しみに待ってくれていたのです。だって、ノートが配られるとみんな真っ先に、ノートのページを開き、コメントを見るのですから。ほめられても叱られても、**そのひと言が大切**だったのです。

　家庭でも**学習ノートを見ることを日課にすると、親子のつながりがぐっと深まります。**

　私がクラスで家庭学習ノートをやっていたときは、「親が見たら必ずノートにサインをしてください」とお願いしました。すると、サイン欄に毎回違うイラストを描いてくれたお父さんがいたり、欠かさずコメントを書いてくださるお母さんもいました。ノートが1冊終わると、裏表紙にわが子と担任にひと言ずつ書いてくださるお母さんもいました。でも、そんなに頑張らなくても大丈夫です。

　家庭学習ノートを見たら、**「見たよ」**の確認サインをしてください。そして、ひと言**「頑張っているね」**と言ってあげてください。

　そして時間があるときには、コメントを書いてください。**文**

字として残った言葉は特別です。それだけで、子どもはとても喜びます。子どもは親のことをよく見ていますから、「忙しいけど、ちゃんと自分にことを見ていてくれるな」という心のよりどころを感じるのです。

　いいところは思いっきりほめて、未熟なところはアドバイスをしてあげましょう。こうすることで良好な親子関係を築くことにもつながります。

実際のコメントの例

> 20冊目完了だね。
> 今後も、学習した事がしっかり身についているか
> 確かめる場として、ジャンプノートを継続して
> 行こうね！
> 復習はとっても大切だからね。😊

> 10冊目、おめでとう！！　内容も濃いよいね♪

(4) お世辞はダメ、本気でほめよう

　中学年くらいまでは、親が一緒に勉強を見てくれると大変喜びます。問題をつくってあげたりすれば、担任に自慢にきます。「スゴイね」「この字が上手」「頑張るなぁ」といった言葉にも素直に反応します。でも高学年になると、だんだん素っ気なくなってきます。それでもほめられればうれしいもので、しっかり反応しています。

　しかし、お世辞はいけません。子どもといえども、もうある程度自分のことはわかっているので、本人が納得できるほめ言

葉が大切です。私はどんな小さなことでも、本人のちょっとした変化を見逃さず、すかさずほめるようにしていました。

　下記はその一例です。

・すばらしい！！この勉強ぶりはすごい。誰が見ても一目でわかるノートになっています。

・すごい！すごい！もうやる気が止まらないね。どこまでも行こう。

・苦手克服の努力に目を見張る！この調子です。文句なし！

・１ページの密度がすごい。できるようになりたいって気持ちが強く伝わるよ。

・考えながら写したり、やり直したり、得意な絵も効果的！

・上手なノートづくりは名人級！これを生かして調べたり、他の問題に取り組んだり、工夫しだいで実力アップ！

・次々と課題をクリアー。気持ちがいいね。この勢いを止めずに頑張っていこう。

　毎日ノートを見ていると、「あっ！やる気のスイッチが入った！」という瞬間がわかるものです。子ども自身も、やらされている勉強から、自分から前のめりに取り組む勉強に切り替わるときを実感するのです。
「この勉強だよ！この気持ちだよ！」と、子どもが覚醒したときを共有するのは、実にうれしいものです。そんなときは、思いっきりほめます。友達にも見せて、「ほら、○○君の勉強、すごいよね！」と言えば、子どもは素直に共感してくれます。みんなの反応に、その子はさらに伸びて行きます。
　親は、一番身近にわが子の変化に立ち会えるのです。そのと

きは、遠慮なくほめまくってください。

(5) 具体的なアドバイスをしよう

「○○しようね」という言い方は、小さい子どもには有効です。でも、ある程度成長したら、相手を尊重して、「アドバイス」というスタンスで、子どもに語りかけるといいでしょう。**「こうしてほしい」「こっちのほうがいいのになぁ」という親の意見を、自分の経験も交えながらアドバイスという形で伝える**と、子どももしっかりと受け止めてくれます。

例えば、「お母さんも算数が苦手だったんだよね。特に文章題が苦手だったの」と自分の経験を話すと、「お母さんもそうだったんだ。実は私も今やってる問題が難しくって…」と子どもも共感して本音を話すようになります。この後、親子で教科書を見て考えたり、算数の得意なお父さんに話を振ったりと、家族を巻き込んで問題に取り組みやすくなります。

よく子どもを注意するとき、「やる気がないな」とか、「集中しなさい」とか「ていねいさが足りないよ」とか、気持ちに関する指摘をしてしまいがちです。
ところが「やる気」や「集中力」の出し方は大人でも難しいものです。まして子どもなら、こうした精神論的な指摘より、**もっと具体的な指摘が必要**でしょう。

私は右記のように、教えている内容に直結したコメントを心がけていました。

- 人体のつくりでは、人体の図とはたらきを関連させて
  ノートに書くといいよ。

- 図形問題は、定規、コンパスを使って正確に描くとわか
  りやすいよ。

- 今日のミスをもう一度やり直すと、今度は間違えない。
  できるまでくり返せば、絶対大丈夫だよ。

- 漢字はたて、横、斜めの線を意識するときれいに書ける
  よ。

- ノートにぎっしり練習すると、人物名や事柄がしっかり
  頭に入るよ。書いて覚えるのもいいアイデアだね。

- 絵は大変だけど、写したり、簡単に省略して描いたりし
  ても特徴はつかめるよ。

- 算数の重要問題は、問題文と解答をセットで覚えておく
  といいんだよ。受験でも使える技だ。

- 今までのテストを何回もやるのはとっても効果的だよ。
  問題文は写さずに、式や答えだけ、どんどんやってごら
  ん。

　親は勉強の内容に関する言葉かけはなかなかできないかもし
れませんが、家庭学習ノートを仲立ちにすることで、**「ここを、
こうしたらどう？」**という指摘が具体的にできます。このよ
うな目に見える指摘なら、子どももしっかりと自覚できます。
　例えばもし子どものノートで計算ミスの問題を見つけたら、
「３問間違えちゃったから、新しくやり直してみるといいよ」
と言ってあげればいいでしょう。同じ問題でも、新しくやり直
すと、ケアレスミスならすぐ直るし、それでもまだ間違うよう
なら、わかっていない部分がはっきりします。

このように、親ならではの視点で子どもと家庭学習を続けていくのは楽しいものです。ぜひ家庭学習ノートを**「親子の触れ合いの場」**として活用してみてください。

(6) たまには耳の痛いひと言も

　親子で家庭学習を始めたら、最初は「ほめる」、つぎは「具体的に指摘する」、このくり返しで順調に進めばいいですが、そう簡単ではありません。そこで、たまにはガツンとひと言、耳の痛いことも言うようにしましょう。

　子どもとじっくりつき合ったうえで言う厳しいひと言は、その子に対する期待感の現れです。

　子どものマンネリに活を入れるとき、私はよくこんな言葉を書いていました。

> ・ノートのすき間は心のすき間だよ。もう一度自分でふり返ってみよう。
>
> ・このノートはできるようになりたいという願いが少しも感じられない。ていねいに真剣に。
>
> ・テストのミスや授業の様子に、気のゆるみが感じられるよ。まだまだ、頑張れるはず！

　書くときには**「まだやれる、その力は十分持っているんだから」**という気持ちを込めたものです。

　親子関係がしっかりできていれば、最初は「うるさいなあ」と反発されても、子どもはわかってくれるはずです。痛いところを突かれるので頭にはくるけれど、冷静になれば「よく見て

いてくれるなあ」といった親への信頼につながるものなのです。ぜひ試してみてください。

(7) 最高の「トリプル効果」を目指して

お母さんの中には、よく友達や兄弟と比較して「この子はまったく！」と、否定的に言う方がいます。生活態度、テストの結果、忘れ物、言葉づかい…など、ついついくらべて見てしまうことはたくさんありますよね。

しかし、わが子の成長に寄り添って、一番深く長く見ているのは親です。もちろん親だからこそ見逃してしまうこともありますが、当然親だからこそわかってあげられることもたくさんあります。

子どもの誕生から今までの成長を、時間の経過とともに、ずっと寄り添って見てきた親の視点は、いわば子どもを**たて軸**で見ているのです。

一方担任は、多くのクラスメートと比較対照する視点を持っています。

同じ6年生でも、「この子は物事のとらえ方が深く、理解力があるな」とか、「この子は素直だけれど、まだ子どもっぽいところがあるな」といった性格的な特徴や個性がわかります。学習面でも「計算や漢字など反復に強い」とか、「理科が好きだから、科学の知識が抜群だ」「絵の表現力がすごい」といった学習の傾向まで知ることができます。同年齢の子ども達を相手にしているからこそ、個々の特性を把握できるのです。これはいわば、子ども達を**横軸**で見ていると言ってもいいでしょう。

このように、親と教員はそれぞれに違う視点を持って子ども

を見ているため、お互いがしっかりと手を携えると、深く子ども
もの実像に迫っていける可能性が高くなります。

　例えば、書かれたコメントを通して、親はクラスの中のわが
子の様子を、担任は家庭の中のその子の様子を知ることができ
ます。

・文章題がていねいに書けているね。線分図も使って、
　図式化しているところに感心しました。得意な算数、
　頑張って。（先生より）

・ていねいに書けてるってほめられたね。得意な算数を
　もっと得意にしちゃおう。（母より）

　こういうやり取りができれば、**子どもは自分が親と担任の
真ん中**にいることを感じます。子どもを真ん中にした親と担
任のトライアングルは、お互いを支え合います。**単なる学習
ノートの役割を越えて、子ども・親・教員の関係を支え合う
存在になる**のです。

　このように、子ども・親・教員の三者で続ける家庭学習ノー
トが実現したら、お互いを支え合い、子どもの自信と子どもへ
の信頼をより一層強める効果をもたらします。子どもと親、子
どもと教員だけでは生まれない重層的な力は、まさに「トリプ
ル効果」と呼びたいものです。

　このように家庭学習ノートを活用することが一番の理想です。

3. 親も驚く子どもの成長

◎ 家庭学習ノートをやり続ければ子どもは変わる（自信を手にする）
◎ 小学生のうちに勉強ぐせを身につければ中学に入ってからの「自主勉」に困らない

(1) 中学で真価を発揮！家庭学習の力

　中学校へ行くと、宿題に自主勉強ノートが出ることが多いようです。略して**「自主勉」**とか**「カテ学」**などと呼ばれるものです。各教科で出た宿題は教科担当の教員が見ますが、「自主勉」は担任が見ます。たいていはキャンパスノート 2 ページ〜 4 ページくらいの分量と聞きます。勉強だけでなく日記を書くところもあるようで、担任と生徒とのコミュニケーションツールの役目も果たしています。

　小学校で 1 年間家庭学習をやり続けて、それなりのノートが書けるようになった子ども達は、中学に行ってどうなっているのでしょう。家庭学習に関する本を見ても、中学校でどのような効果が出ているのかわかりません。

　そこで、今回は中学に進んだ教え子とその保護者にアンケートをしてみました。質問はつぎのページです。

　回答者は全員、保護者も含めて「役に立ったことがある」と答えていました。どんな点で役立ったか、「問い 1 」について例を挙げて見ていきましょう。

質問

小学校でおこなっていた家庭学習ノートが、中学校の自主勉強に役立つことはありましたか。
「ある」場合はどのような点で役立ちましたか。

■ 子どもの実感

・中学校の家庭学習をするときに、勉強のやり方に困ることがなくなった。

・６年生の途中からキャンパスノートで自主勉強をやっていたので、中学に行っても安心だった。

・コツコツ続けて復習と予習をする習慣がついたので、中学校でも毎日復習や予習に取り組める。夏休みの課題で自主勉ノートか何冊か出されても、あわてずに済んだ。

・小学校でノートの書き方を学んだので、授業のノートを取るときや家庭学習をするときも、そのまま今に生かせる。

・小学校のとき、キャンパスノートで毎日家庭学習をやっていたから、中学で１日２ページの自主勉が楽に感じられる。

・なぜ家庭学習をするのか、小学生のうちに理解して取り組めていたので、中学の自主勉強にも自然に取り組めている。

・ノートの使い方、勉強の要点をまとめる力がついた。

・家庭学習の習慣がついていたので、疲れて帰ってきても自分から机に向かうので、親として余分なことを言わずに済む。

・試験の前、宿題をやるときなど、小学校の家庭学習ノートを机上に出して参考にしている。

・時間の使い方がうまくなった。

このように、1年間の効果を実感していることがわかりました。かなり勉強が苦手だった子どもの親も、「中学の勉強は大変だけど、家庭学習は余裕って言っていますよ」と、話してくれました。

特に、中学校で**即戦力**として役立つ力が身につけられたことと、**自分たち自身で「工夫して勉強する力」を養った**と言えているところがポイントでしょう。

なぜならこの「工夫して勉強する力」は、中学はもちろん、高校、大学と、先々にまでつながる重要な基礎力になるからです。

(2) 中学のノートで検証！家庭学習の力

子ども達に中学校で使っている家庭学習ノートを見せてもらいました。小学校で取り組んだ学習ノートが、中学校でどのように生かされているか、実例を参考にしてみてください。

小学・中学ノート比較 ①

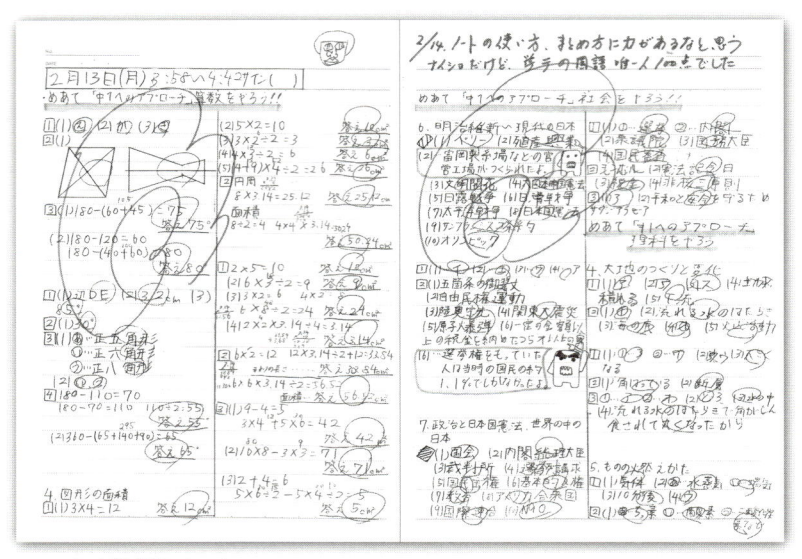

▲ 小学校のノート

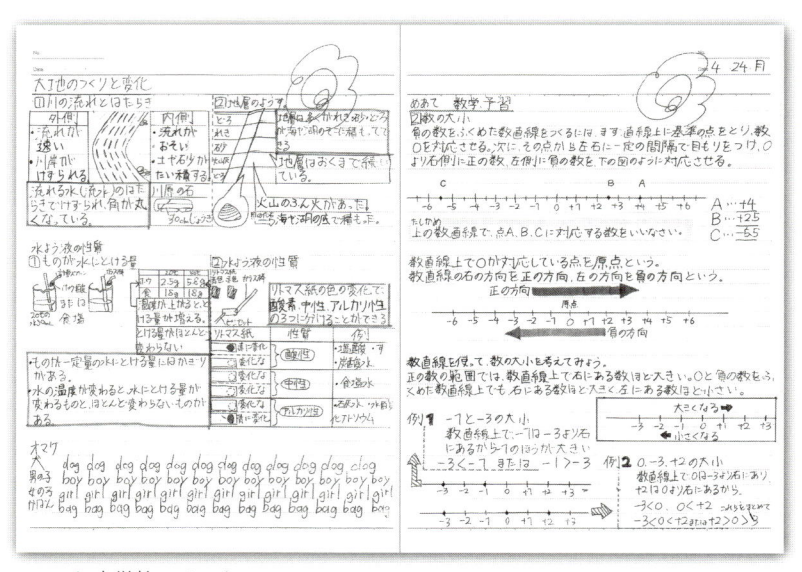

▲ 中学校のノート

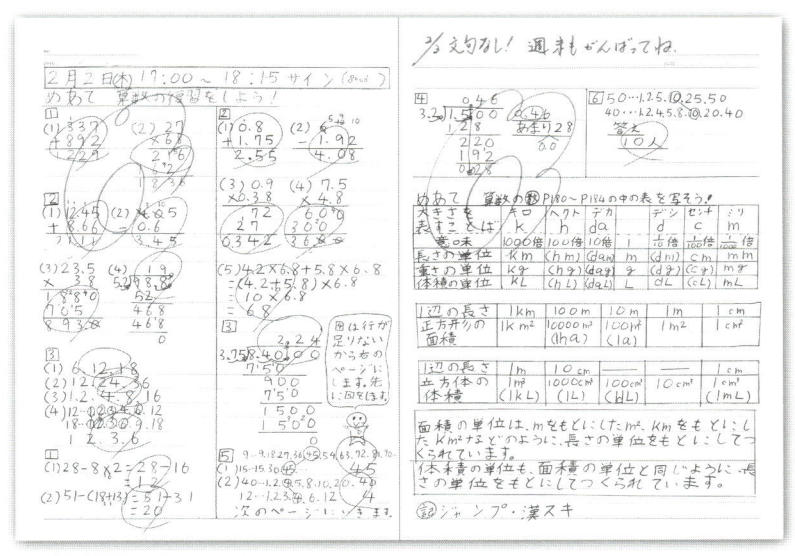

▲ 小学校のノート

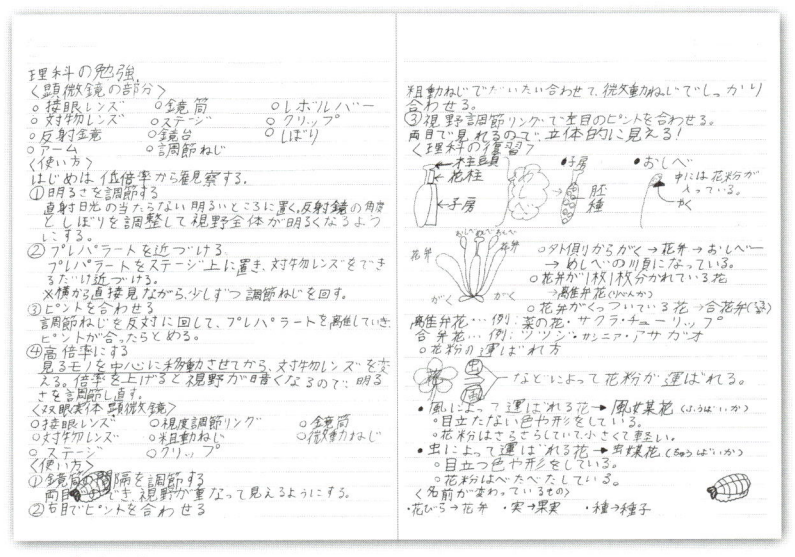

▲ 中学校のノート

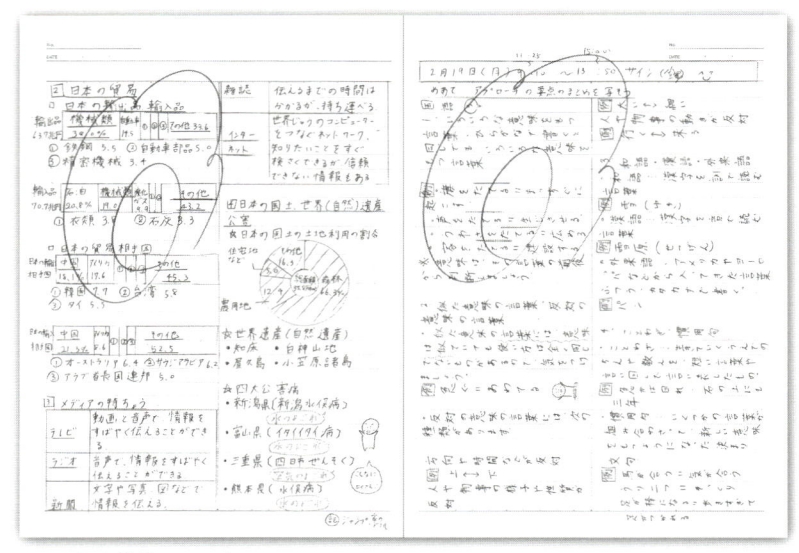

▲ 小学校のノート

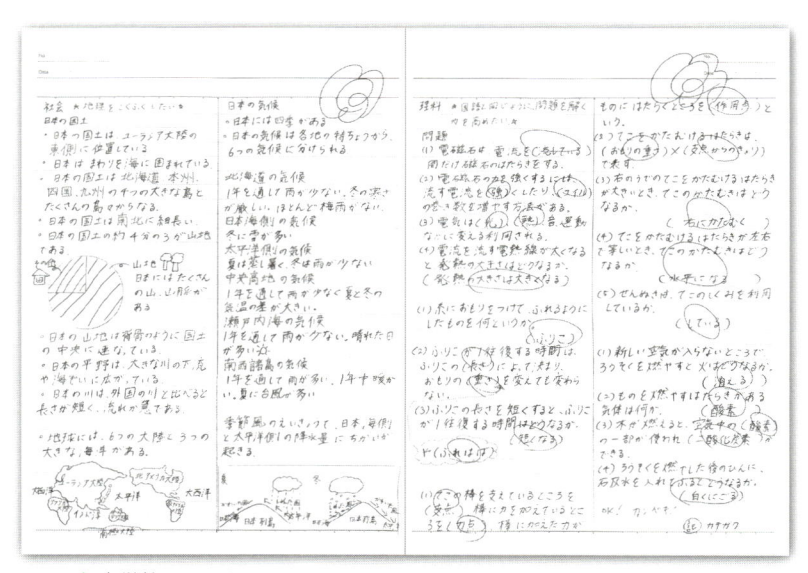

▲ 中学校のノート

■ 小学・中学ノート比較 ④

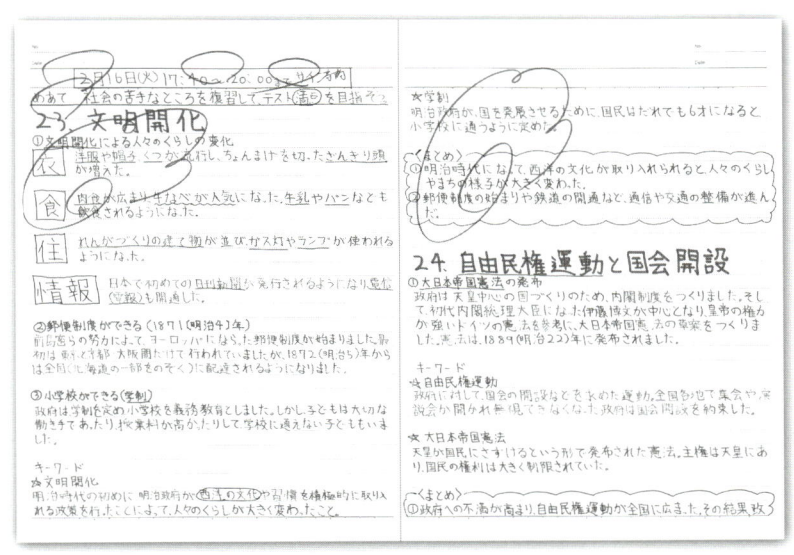

▲ 小学校のノート

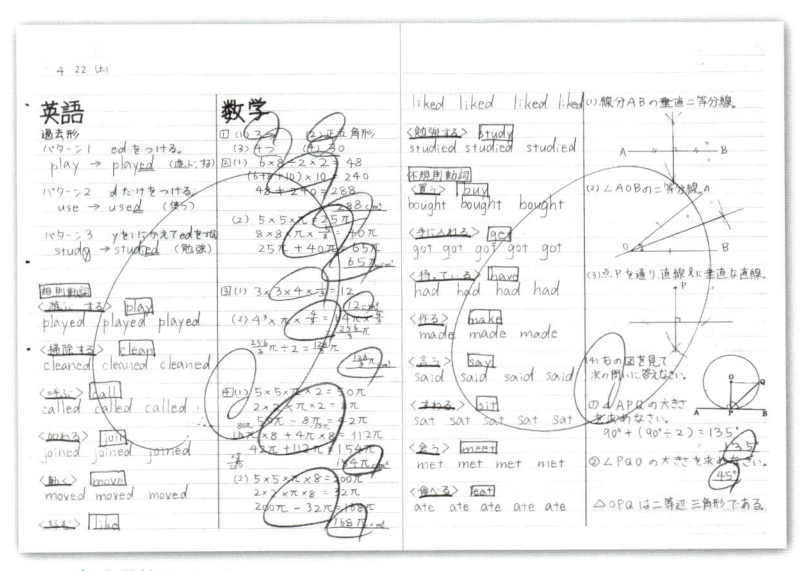

▲ 中学校のノート

(3) うわべではない本当の楽しさへ

　以前ある保護者からメールをもらいました。その中に、こんな一節がありました。

　「今まで何回もハタと思うことがありました。気持ちがあっても、頑張り方がわからなければ、能力は開かないんだなぁと。頑張り方を、具体的に、気持ちと共に、教えてくださったのが先生です。」

　私が本書で提案している家庭学習ノートは、最初は徹底的に「真似る」「写す」ことを指導しています。決して、「自主的」でも「主体的」でもありません。
　しかし、子どもが最初から「家庭学習は、自分で考えてやる勉強だよ。このノートに自分で考えてやってごらん」と言われたら、みんな途方に暮れてしまうでしょう。

　自主的に家庭学習に取り組むことは最終的な目標です。
　ですからまずは、家庭学習に使うものを教え、方法を教え、「教科書のココを、1マス1字でていねいに写しておいで」から始めます。そして、テストや問題集、地図帳、年表、実験の図などを写していくうちに、子ども達は知らず知らずのうちに、工夫し、学んでいくのです。

　子ども達は感想の中で、「教科書を写すことが上手になった」などとは書いていません。最初は「写す」ことからスタートしていても、**1年経つあいだに、自然と「自分でまとめる力」や「必要な勉強を見つけてやりぬく力」を身につけている**ということです。

アンケートでも多くの子どもや保護者の方から言われたのが、「自主勉強の課題が出ても、小学校の経験から、何をやったらいいかすぐ判断して取り組んでいる。自主勉帳を開いても、何をやろうか迷わない」ということです。

　子ども達は、小学校で家庭学習ノートを続けたことで、中学校へ行ってから、**目標に向かって自ら学ぶ方法**と**持続させる力**をさらに発展させたのでしょう。

　中学生の彼らに勉強していて「楽しいときは？」と、もう一度聞いたらどんな答えが返ってくるでしょうか。

　きっと小学生のときとは違った答えが返ってくるのではないかと期待しています。

おわりに 〜 子どもの現在（いま）を「見える化」しよう！

　本書はとてもシンプルなことしか提唱していません。それは、「書く」「写す」「くり返す」の徹底です。シンプルとはいえ、これさえやれば、子どもの成長は間違いないものだと確信して、教員生活の後半を送ってきました。

　親はよく漠然と「うちの子はこのまま中学へ行って大丈夫かしら」と不安を感じたり、「いつかきっと本気を出してくれるはず」と淡い期待を持ったりするものです。もちろんそれは、親としてごく自然なことでしょう。
　でも本書ではさらに踏み込んで、「しっかり子どもと向き合おう」ということを提案してきました。そのために最適で、ぜひ活用してもらいたいのが、この家庭学習ノートを使った学習法だったのです。

　なかでも大切なのが、学習ノートの取り組み具合やテストの結果という「具体的に目に見えるもの」と向き合うことです。ノートやテストは子どもの現在（いま）を「見える化」することができるからです。

　もっとも、紹介した方法や使う教材はシンプルですから、ぜひお子さんの成長に合わせて、いろいろなやり方を考えてみてください。もちろん発展させることだって大歓迎です。

　親はわが子に願いを持っています。
　同様に子ども自身だって、「こんな自分になりたい」と願いを持っているものです。その願いのために、ちょっと頑張って

みませんか。

　努力したことのすべてが報われるわけではないかもしれません。それでも小学校のうちに、どんな小さいことでもいいから、少しでも多く、「頑張ったことが報われる経験」を積み重ねましょう。

　その頑張りも家庭学習ノートはきっと「見える化」してくれるはずですから。

　最後に、感謝の言葉を述べさせてください。

　本書は多くの先生たちと試行錯誤を重ね、実践してきたことをまとめたものです。なかでも、この家庭学習ノートを「中学校へのジャンプ」の意味を込めて「ジャンプノート」と名づけた石渕恵先生には、大変お世話になりました。

　学年を組んだ先生たちと、学習ノートの内容を精選し、誰にでも取り組めるような形にし、このやり方でたくさんの子ども達を中学校へ送り出しました。

　毎日忙しい私たちは、この相談を、教室へ行く前の廊下や放課後、そして休日の職員室で、慌ただしくしていたのです。

　また、最後の2年間を過ごした平井小学校の子ども達と保護者に出会わなかったら、私はこの本を書こうとは思いませんでした。親子して一生懸命家庭学習に取り組み、成長する姿を目にしたことで、本書は世に出ることになったのです。

　そんな私の思いを受け止め、地方の無名の教員の本を出版して下さった明日香出版社には、とても感謝しています。

編集の田中さんには、1年以上にわたりお世話になりました。ちょっとした言葉で、人は頑張れるんだということを身をもって体験することになりました。励まされ、教えられ、慰められ、ここまで来られたことに、改めて感謝申し上げます。

2018 年 7 月
木村理恵

増刷改訂にあたって

　2020 年は教育界にとって大きな転換期となりました。今までの対面授業が通用しない事態に、家族の負担と戸惑いは大きくなるばかりでした。ICT 化の遅れは教育現場の地域格差・経済格差として現れ、私立学校の手厚い対応と公立学校との差は明らかになりました。

　学校現場や教育産業は大きな岐路に立っています。

　しかしここでわかったのは、学習は学校や塾頼みでなく、保護者もしっかりと関わらなくてはならないという現実です。

　もちろん、先生の代わりに教えることができたら最高ですが、そうでなくても、一緒に教科書を読んだり、問題を考えたりするだけでも、子どもたちは落ちつくものです。

　学習指導要領の改訂に伴い、文科省は「知識・技能」の習得をより明確にしています。ここにこそ、家庭学習の力が発揮されます。そんな時、本書が皆さんに役立てば嬉しく思います。

2020 年 8 月
木村理恵

■著者略歴

木村 理恵（きむら・りえ）

1956年、群馬県生まれ。群馬大学教育学部国語科卒。

群馬県内の中学校で3年、小学校で34年教鞭をとる。

算数・国語・理科・図工等で、学年をあげて授業研究に取り組み、校内研修主任としては、算数や理科の教材教具の開発を進めた。

担任は高学年が多く、子ども達の成績向上のためには授業だけでなく、家庭学習のあり方も研究する必要を痛感し、仲間と共に開発した家庭学習ノートの手法によって6年生から中学校へのスムーズな橋渡しをおこなってきた。

教え子からは「ドラえもん先生」の愛称で親しまれ、卒業生との交流も多い。

ノートの指導実績は50万冊以上にのぼる。

本書の内容に関するお問い合わせは弊社HPからお願いいたします。

落ちこぼれゼロ！ 勉強ぐせが身につく 学習ノートのつくり方

| 2018年 8月 21日 | 初版発行 |
| 2021年 8月 12日 | 第6刷発行 |

著 者 木村理恵
発行者 石野栄一

〒112-0005 東京都文京区水道2-11-5
電話 (03) 5395-7650 （代表）
(03) 5395-7654 （FAX）
郵便振替 00150-6-183481
https://www.asuka-g.co.jp

明日香出版社

■スタッフ■
編集部 田中裕也／久松圭祐／藤田知子／藤本さやか／朝倉優梨奈／竹中初音／畠山由梨／竹内博香
営業部 渡辺久夫／奥本達哉／横尾一樹／関山美保子

印刷 株式会社フクイン
製本 株式会社フクイン
ISBN 978-4-7569-1986-1 C0037

子どもの成績を「伸ばす親」と「伸ばせない親」の習慣

安村　知倫 著

「うちの子の成績を上げたい！」という親御さん向けに、効果的な勉強方法を教える本。
「算数」「国語」「理科・社会」「英語」の科目ごとの勉強法も掲載。あまり効果がない勉強法と対比させながら教えます。

本体価格 1500 円＋税
2017 年 6 月発行
ISBN 978-4-7569-1909-0

小学生の子どもが勉強せずに困ったときとき読む本

嶋　美貴 著

「本当はもっと勉強してほしい」「どうやったらやる気になってくれるのか」と悩む親御さんに向けて、子どもの意欲を引き出す声掛け、仕掛けを満載した 1 冊。

本体価格 1400 円＋税
2017 年 11 月発行
ISBN 978-4-7569-1898-7

たったの10問で
みるみる解ける中学数学

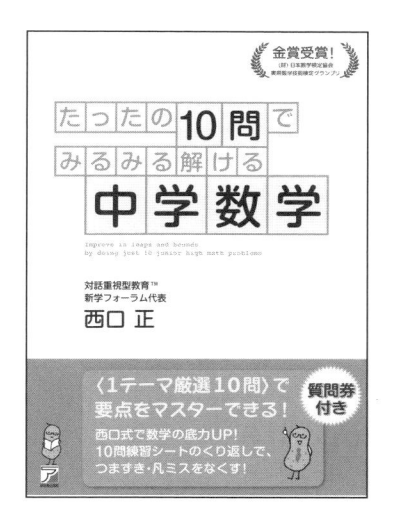

西口 正 著

ミスが多くつまずいてしまう人のための基礎力アップドリル。中1〜中3までの数学で、テストでよく出るところ、つまずきやすいポイントを厳選。10問練習シートでこれらのポイントを攻め、弱点をなくしていく。

本体価格 1100 円＋税
2012 年 8 月発行
ISBN 978-4-7569-1561-0

CDBOOK たったの10問で
みるみる解ける中学英語

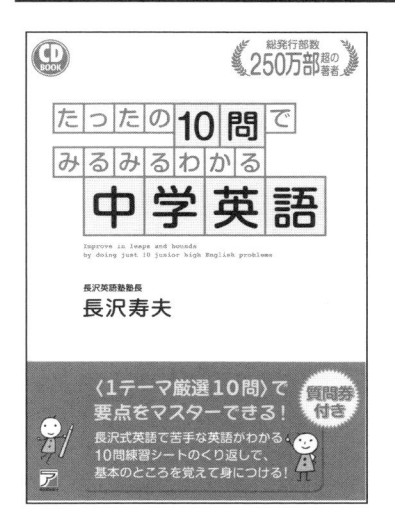

長沢 寿夫 著

ミスが多くつまずいてしまう人のための基礎力アップドリル。中学英語の基本のところを「10問」の問題を軸に解説。10問に絞ることで英語が苦手な人でも気軽に取り組める。

本体価格 1100 円＋税
2013 年 1 月発行
ISBN 978-4-7569-1603-7

小学 6 年分の算数が
面白いほど解ける 65 のルール

間地 秀三 著

小学校で習う数学の大事なエッセンスとちょっと骨のある中学入試レベルの問題までを65のルールで網羅する。

本体価格 1100 円 + 税
2011 年 3 月発行
ISBN 978-4-7569-1446-0

小学 6 年分の理科が
面白いほど解ける 65 のルール

倉橋 修 著

理科が「ニガテ」なのは、記憶する分野と計算する分野が少し重なっているから。65のルールで小学理科をわかりやすく面白く解説します。YouTubeの面白い実験動画が人気の著者！

本体価格 1300 円 + 税
2016 年 8 月発行
ISBN 978-4-7569-1851-2